KB261979

알면
돈 되는
법 이야기

알면 돈 되는 법 이야기

초판 1쇄 인쇄 | 2014년 10월 12일
초판 1쇄 발행 | 2014년 10월 18일

지은이 | 최수영
펴낸이 | 박영욱
펴낸곳 | (주)북오션

경영총괄 | 정희숙
편 집 | 지태진
마케팅 | 최석진 · 김태훈
표지 및 본문 디자인 | 서정희
일러스트 | 허한우

주 소 | 서울시 마포구 서교동 468-2
이메일 | bookrose@naver.com
페이스북 | bookocean
전 화 | 편집문의: 02-325-9172   영업문의: 02-322-6709
팩 스 | 02-323-9378

출판신고번호 | 제313-2007-000197호

ISBN 978-89-6799-055-8 (13360)

이 도서의 국립중앙도서관 출판예정도서목록(CIP)은
서지정보유통지원시스템 홈페이지(http://www.seoji.nl.go.kr)와
국가자료공동목록시스템(http://www.nl.go.kr/kolisnet)에서 이용하실 수 있습니다.
(CIP제어번호: CIP2014026791)

손해 보기 전에 알아야 할
법률 상식 완전 정복

알면 돈 되는 법 이야기

최수영 지음

북오션

생활법률, 알아두면 피가 되고 살이 된다

'고 수익 고위험' 이라는 말이 있다. 높은 수익에는 높은 위험이 따른다는 뜻이다. 수익은 위험을 얼마나 관리하느냐에 따라 달라진다. 법률 상식을 알아두는 것도 위험 관리의 일환이 될 수 있다. 금융 상품이든 부동산이든 주식이든 어떤 자산에 투자를 할 때는 법을 아는 만큼 발생할 수 있는 위험이 줄어든다. 투자뿐만이 아니다. 일상생활에서 일어나는 문제 또한 법을 알아야 제대로 대처할 수 있다. 모르면 그만큼 손해를 본다. 그래서 이 책의 제목을 '알면 돈 되는 법 이야기' 로 정했다.

일상생활과 관련된 법률을 생활법률이라고 부른다. 사회가 다원화되고 복잡해질수록 알아야 할 생활법률의 내용 또한 넓고 깊어진다. 예전에는 사회가 지금보다 훨씬 단순했기에 알아두어야 할 내용 또한 많지 않았다. 그러나 이전과는 비교할 수 없을 정도로 사회가 복잡해진 최근에는 알아두어야 할 법률의 가짓수도 많이 늘었다. 예

컨대 주택임대차보호법, 상가건물임대차보호법, 민법의 전세권과 임대차에 관한 내용은 성인이라면 반드시 알아두어야 할 상식이 된 지 오래다. 그뿐만이 아니다. 경매를 통해 내 집을 마련하려면 민사집행법 중 경매 관련 규정을 숙지해야 한다. 주식 투자를 하려는 사람은 '자본시장과 금융투자업에 관한 법률'에 규정된 적합성의 원칙을 알아둘 필요가 있다. 이 법률에 따르면 금융투자회사가 투자자의 투자 목적, 재산 상태, 투자 경험 등에 적합하게 투자를 권유하지 않은 경우에는 투자자가 부적합한 투자를 권유했다는 이유로 금융투자회사에 손해배상책임을 물을 수 있다.

예를 들면, A는 노후를 대비해 은퇴 자금을 안정적으로 운영하고자 하는데, 금융투자회사에서 A에게 벤처기업에 투자하는 주식형 펀드에 투자를 권유하여 A가 벤처기업에 투자하는 펀드에 가입하는 바람에 손해를 입은 경우가 그러하다. 이런 경우 A는 주식 투자로 인한 손실은 자기 책임이라는 생각에 금융투자회사에 손해배상책임을 물을 생각을 하지 못할 수도 있다. 그러나 사회가 복잡해질수록 오로지 자신이 모든 책임을 져야 하는 영역은 점차 줄어들어 거의 존재하지 않게 된다. 따라서 A는 자신에게 적합한 투자 상품을 권하지 않은 금융투자회사를 상대로 손해배상을 요구할 수 있다. 관련 법률을 알아

두어야 할 이유가 바로 여기에 있다. 아는 것이 힘이다.

방금 예로 든 내용을 알고 있는 독자라면 상당한 법률 지식을 갖춘 전문가라고 해도 과언이 아니다. 이 책은 전문가에 속하는 분들보다는 법률에 문외한인 분들을 대상으로 삼아 집필한 것이라서, 우리가 일상생활에서 흔히 접하는 법률문제를 맞닥뜨렸을 때 유용하게 활용할 수 있는 법률 상식을 전하는 데 초점을 맞췄다. 그래서 누구나 살아오면서 한두 번쯤 경험하거나 들어보았을 사례를 들어 쉽게 설명하려고 노력했다.

예컨대 부동산과 관련해서는 주민등록상 주소와 등기부상 주소가 다른 경우 임차인의 대항력 취득 시점은 언제인지, 계약금을 지급하기 전이라면 언제나 매매계약을 해제할 수 있는지, 살던 집이 경매로 넘어갔을 때 세입자는 언제까지 집을 비워야 하는지, 양도세 절감을 위한 다운계약서는 유효한 것인지, 전세 기간 중 집이 매매되는 경우 중개수수료는 누가 내야 하는지, 명의신탁된 부동산은 찾아올 수 있는지 정도는 꼭 알아두는 것이 좋다.

또한 최근 들어 거래 형태의 중심으로 자리 잡고 있는 전자상거래와 관련된 법률 상식도 설명했다. 인터넷으로 산 책을 환불받고 싶은데 판매처와 연락이 되지 않을 때는 어떻게 해야 하는지, 분실한 카

드를 타인이 사용했을 때 본인이 어느 정도까지 책임을 져야 하는지도 알아두어야 할 내용이다.

교통사고와 관련된 법률 상식도 빼놓을 수 없다. 대리운전자가 낸 교통사고는 누가 책임을 져야 하는지, 뺑소니는 어떠한 경우에 해당하는지, 불법 주차된 차량으로 인하여 사고가 난 경우 손해배상책임은 누가 져야 하는지, 렌터카 운전 중에 사고를 낸 경우 보상관계는 어떻게 되는지 등도 알고 있으면 도움이 될 만한 내용들이다.

원고 집필을 마무리하기로 한 날이 많이 지나 이제야 마무리를 하게 되었다. 지치지 않고 기다려준 출판사 관계자분들께 감사한 마음을 전하고 싶다. 특히 마감 약속을 몇 차례씩이나 지키지 못했음에도 늘 편의를 봐준 편집장에게 고마움을 전한다. 이 책이 나오기까지 많은 도움을 준 김성곤 님께도 이 자리를 빌려 고맙다는 말을 하고 싶다.

마지막으로 이 책이 독자들께 도움이 되길 간절히 바란다. 골치 아픈 법률문제를 처리하는 데 이 책이 조금이라도 도움이 된다면 저자로서 그보다 더 보람된 일은 없을 것이다.

최수영

차 례

2장　내 권리 되찾기 위해서라면 : 인격 보호 _ 직장 · 가족관계

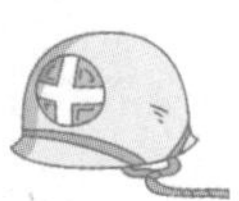

2부 알면 돈 되는 법률 서식

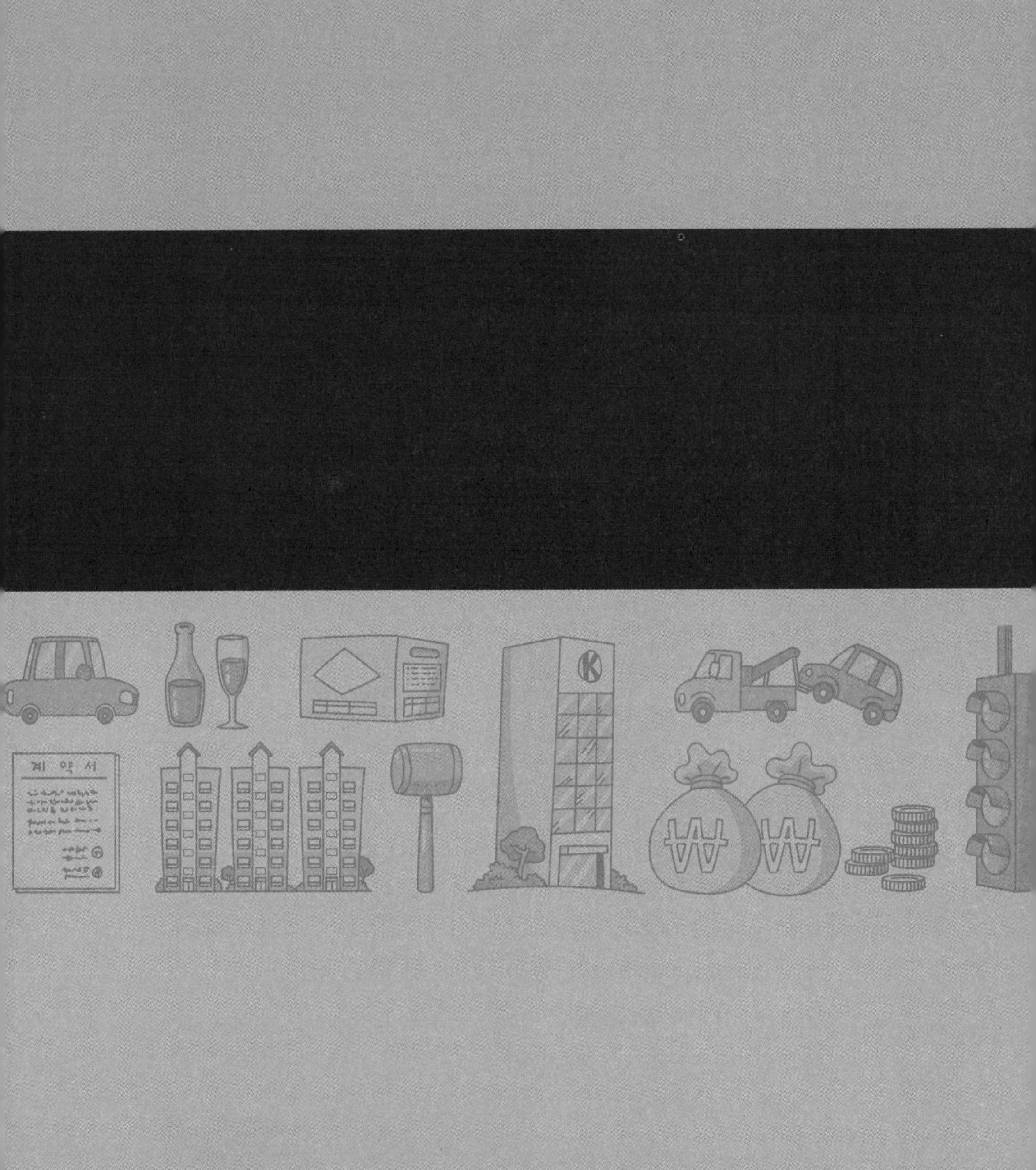

1부

모르면 손해 보고
알면 돈이 되는 법

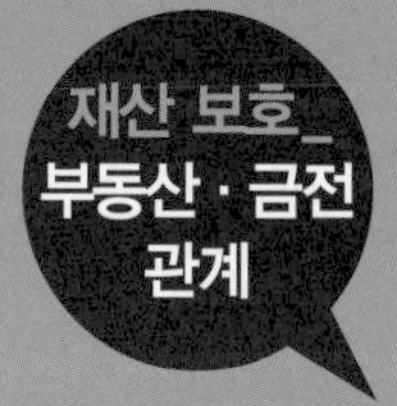

1 장

돈 새는 건 순식간이다

주민등록상 주소와 등기부상 주소가 다른 경우 임차인은 대항력을 언제부터 인정받을 수 있을까?

신축한 연립주택에 대해 임대차계약서를 작성하고 전입신고까지 마친 최신혼 씨. 그런데 준공검사 후 건축물관리대장과 소유권보존등기상의 주소가 임대차계약서에 적힌 주소와 다르다는 사실을 알게 되었다. 부랴부랴 바뀐 호수대로 주민등록 변경 신고를 했지만, 이미 다른 사람 앞으로 근저당권이 설정된 뒤였다. 이 경우 최신혼 씨는 근저당권자에 우선하여 대항력을 취득할 수 있을까?

법률 포인트 _ 대항력

1. 주택임대차보호법상의 대항력

주택임대차보호법은 주택 소유자에 비하여 상대적으로 사회적 약자의 지위에 있는 주택 임차인을 보호하여 국민의 주거생활을 안정시킬 목적으로 1981년에 제정되었습니다.

이에 따라 임차인은 임차권 등기 없이도 일정한 요건을 구비하면 대항력과 우선변제권을 갖게 됨으로써 물권에 준하는 보호를 받을 수 있게 되었습니다. 즉 임차인이 임차주택을 인도받고 주민등록을 마치면 그다음 날부터 설령 집주인이 바뀐다 하더라도 새로운 소유자에게 종전의 임차권을 주장할 수 있고, 계약이 만료되면 보증금 반환도 요구할 수 있습니다. 또한 여기에 확정일자까지 받으면 후순위 권리자보다 우선하여 변제받을 수 있는 권리까지 생깁니다.

2. 대항력의 성립 요건

주택 임차인이 대항력을 갖기 위해서는 주택을 인도받고, 주민등록까지 마쳐야 합니다. 여기서 주택의 인도란 해당 주택에 입주하는 것을 말하며, 주민등록은 전입신고를 하면 마친 것으로 봅니다.

이 중 주민등록은 거래의 안전을 위해 해당 건물에 임차권이 존재한다는 사실을 제3자가 명백히 인식할 수 있게 하는 일종의 공시 역할을 합니다.

그러나 대항력은 입주와 전입신고를 했다고 해서 언제까지나 인정되는 것은 아닙니다. 물권에 버금가는 힘을 갖고 있다 보니 대항력을 취득할 때뿐만 아니라 임대차 기간 내내 이러한 요건을 계속 구비하고 있어야 합니다.

따라서 중간에 주민등록을 다른 곳으로 옮기면 대항력은 원칙상 상실됩니다. 그러나 판례에 따르면 임차인 본인이 주민등록을 하지 않았거나 일시적으로 주민등록을 다른 곳으로 옮겼다가 다시 전입했다 하더라도 배우자나 자녀 등 동거 가족 중 1명이라도 주소지를 변경하지 않고 있었다면 대항력을 갖게 된다고 합니다.

 법률 풀이

1. 주민등록과 등기부상의 주소가 다른 경우

대항력을 인정하는 것은 어디까지나 임차인을 보호하기 위한 것입니다. 그러나 이는 등기 없이 인정되는 것으로서 등기부상 이해관계가 있는 제3자에게 예기치 못한 손해를 줄 수도 있습니다.

따라서 대항력을 인정받기 위해서는 앞서도 언급했듯이 제3자의 입장에서 보았을 때 사회통념상 그 주민등록으로 당해 주택에 임차인이 주소 또는 거소를 가진 자로 등록되어 있다고 인식할 수 있어야 합니다.

그러기 위해서는 주민등록상 주소와 등기부상의 주소가 원칙상 일치해야 합니다. 그런데 만약 불일치한다면 어떻게 될까요?

이에 대해 판례는 단독주택이나 다가구주택을 임차한 경우에는 전입신고 당시 지번만 정확하게 표시했다면 설령 동·호수를 잘못 표시했다 하더라도 대항력이 인정되지만, 아파트나 연립, 다세대주택을 임차한 경우에는 지번뿐만 아니라 동·호수까지 정확하게 표시하지 않으면 대항력이 없다고 보고 있습니다.

따라서 신축 건물을 임차하고자 하는 사람은 반드시 두 주소가 일치하는지 확인해야 할 것입니다.

2. 대항력의 발생 시기

대항력은 주택을 인도받은 날과 주민등록 신고를 한 날을 비교하여 나중의 일자 다음 날 오전 0시부터 발생합니다.

대항력과 달리 근저당권은 등기한 날에 효력이 생기므로 만약 입주 후 전입신고를 한 다음 날에 근저당권 등기가 되었다면 대항력 있는 임차인이 될 수 있지만, 같은 날 근저당권 등기가 된 경우에는 근저당권이 앞서게 됩니다.

자신의 주택을 타인에게 양도한 후 다시 양수인과 임대차계약을 체결하여 세입자로서 그 집에 계속 사는 사람들이 종종 있는데, 이러한 경우에는 임차인 지위를 갖게 되는 시점인 소유권이전등기를 마친 다음 날부터 대항력이 생깁니다.

그리고 대항요건을 갖추었지만 아직 미등기 상태인 아파트를 임차한 경우에는 임대인인 분양자 명의로 소유권이전등기가 경료(經了,

필요한 절차를 마침)되면 그 즉시 대항력을 취득하게 됩니다.

　본 사안에서는 주민등록상의 주소와 등기부상의 주소가 처음엔 불일치했다가, 근저당권이 설정된 이후에 비로소 일치하게 되었습니다.

　따라서 최신혼 씨가 대항력을 갖게 되는 시점이 문제가 되는데, 연립주택은 호수까지 정확히 기재해야 대항력이 인정되므로 양자가 일치하는 시점부터 대항력을 갖게 됩니다.

　즉 처음 전입신고한 때부터 대항력이 인정되는 것은 아닙니다. 따라서 만약 임차건물이 근저당권의 실행으로 경매에 넘어간다면 대항력이 인정되지 않으므로 배당 순위에서 근저당권자보다 후순위에 놓이게 됩니다.

　물론 예외적으로 임차인의 대항력을 인정하는 사례가 있긴 합니다. 그러나 그러기 위해서는 적어도 근저당권자의 권리행사가 상대방의 신의에 반하고 정의 관념에 비추어 용인할 수 없는 정도의 상태에 이른다는 사정이 구체적으로 인정되어야 합니다.

　예를 들면 임차인의 주민등록이 잘못되었다는 사실을 알면서 그 임차인을 선순위 권리자로 인정하고 그만큼 감액한 상태의 담보가치를 취득할 것을 전제로 근저당권을 설정했으면서도 부당한 이익을 얻으려는 의도로 사후에 임차인의 손해는 전혀 고려하지 않고 그 주민등록이 잘못됐으므로 임차인에게 대항력이 없다고 주장하는 사례가 이에 해당할 것입니다.

그러나 이는 극히 예외적인 사례이므로 반드시 임대차계약서에 적힌 주소가 등기부등본상의 주소와 일치하는지 확인해야 할 것입니다.

계약금을 지급하기 전이라면 언제나 매매계약을 해제할 수 있을까?

내집사 씨는 부동산중개사를 통해 집주인 심통나 씨와 아파트 매매계약을 체결했다. 그리고 계약금 중 일부는 당일에, 나머지는 그다음 날 입금하기로 약정했는데, 집값이 오를 거라는 소문을 접한 심통나 씨는 그다음 날 내집사 씨가 계약금을 입금하기 전에 중개사를 통해 매매계약을 해제했다. 이 경우 계약해제는 유효할까?

법률 포인트_ 계약금의 효력

주택을 매매할 때 지급하는 계약금은 계약이 성립했다는 증거 역할을 할 뿐 아니라 해약금으로서의 성질도 갖게 됩니다. 그래서 매수인은 중도금을 주기 전까지는 본인이 지급한 계약금을 포기하고 언제든지 해약할 수 있다고 생각합니다. 한편 매도인은 자신이 받은 금액의 2배를 교부하고 없던 일로 할 수 있다고 생각합니다.

그래서 민법 규정도 "매매의 당사자 일방이 계약 당시에 금전이나 기타 물건을 계약금, 보증금 등의 명목으로 상대방에게 교부한 때에는 당사자 간에 다른 약정이 없는 한 당사자의 일방이 이행에 착수할 때까지 교부자는 이를 포기하고 수령자는 그 배액을 상환하여 매매계약을 해제할 수 있다"고 밝히고 있습니다.

 법률 풀이

의문이 드는 것은 계약금을 전부 지급한 상태에서만 계약금의 효력이 발생하는지 여부입니다. 매도인이 계약금을 일부 지급받은 경우에도 임의로 매매계약을 해제할 수는 있는 것인지, 매수인이 계약 그다음 날에 주기로 한 계약금을 그다음 날이 도래했건만 지급하지 않고 바로 매매계약을 해제할 수 있는 것인지도 참 궁금해집니다.

이러한 의문이 드는 까닭은 일반적으로 계약금이 오가지 않았거나 지급되었더라도 24시간 이내에는 별도로 해약금을 물지 않고도 계약을 해제할 수 있다는 관행 때문입니다.

그런데 최근 대법원은 계약금 수수 여부와 상관없이 일방적 계약해제를 인정하지 않음으로써 이러한 관행에 제동을 걸었습니다(대판

2007다73611판결). 대법원의 판결 내용을 쉽게 풀면 이렇습니다.

'계약도 약속이므로, 계약이 일단 성립한 후에는 당사자 일방이 이를 마음대로 해제할 수 없다. 다만 마음대로 해제할 수 있으려면 계약금을 전부 교부해야 한다. 계약금을 교부하기 전이라면 단지 계약금을 지급하기로 한 약정만으로는 임의로 해제할 수 없다.'

약속한 계약은 이행해야 하고, 이를 임의로 없던 것으로 하려면 그 대가로서 소정의 금액을 지급해야 함이 마땅한데, 그 소정의 금원을 계약금으로 보겠다는 취지인 것이지요. 계약을 마음대로 없던 일로 하자는 황당한 일을 당하는 상대방에게 그나마 현실적으로 그 손해가 배상된다는 의미로 이해하면 그리 어려운 것은 아닐 것입니다.

앞서 본 민법 규정도 꼼꼼히 살펴보면 '계약금 등의 명목으로 상대방에게 교부한 때'라고 정하고 있어 대법원의 판단 내용과 그 의미가 같음을 알 수 있습니다.

결국 계약금이 교부된 바가 없다면, 또는 원래 지급하기로 한 금액의 일부만 계약금으로 교부된 경우에는 마음대로 계약을 해제할 수 없다고 이해하면 되는 것입니다.

한편 계약금을 전부 지급받지 못한 상대방이 계약금을 지급해달라고 청구할 수 있는 것은 당연한 일입니다. 그리고 주기로 한 계약금을 계속 지급하지 않으면 계약금을 주지 않은 잘못을 이유로 계약 전체를 해제할 수도 있습니다.

　법원에서는 계약금 수수 여부와 관계없이 일방적 계약해제를 인정하지 않으므로 내집사 씨가 계약금을 완납하지 않는 경우가 아니라면 매도인 심통나 씨는 매매계약을 임의로 해제할 수 없습니다. 즉 심통나 씨의 계약해제 의사 표시는 효력이 없는 것이라고 하겠습니다.

03 전세 계약 기간이 만료되었는데도 집주인이 보증금을 돌려주지 않는다면?

전세로 살다 이사를 가게 된 전세남 씨. 그러나 집주인이 보증금을 돌려주지 않는다. 동료들은 우선 내용증명을 보내보라고 권유하는데…… 전세남 씨는 어떻게 해야 할까?

법률 포인트_ 임대차계약의 종료

임대차계약이 끝나면 임대인은 보증금을 즉시 임차인에게 돌려줘야 하고, 임차인 또한 임차목적물을 반환해야 할 의무가 있습니다. 그리고 이 둘은 동시에 이행해야 할 관계에 있습니다.

원칙적으로는 계약이 만료됨과 동시에 보증금을 돌려주는 것이 맞겠지만, 새로운 세입자에게 보증금을 받아 돌려주는 것이 관행화

되다 보니 전세 가격이 하락하거나 새로운 세입자를 구하지 못한 경우에는 보증금 반환을 둘러싸고 둘 사이에 큰소리가 오가기도 합니다.

돈 없으니 마음대로 하라는 임대인의 큰소리에 무작정 기다릴 수도 없는 임차인으로서는 답답하기만 할 텐데요. 이러한 경우에 임차인이 취할 수 있는 조치에는 어떤 것들이 있을까요?

 법률 풀이

1. 소송을 통한 해결

1) 보증금반환청구소송

임대인이 보증금 반환을 차일피일 미룬다면 임차인으로서는 우선 재계약할 의사가 없음과 보증금을 반환하지 않을 경우 법적 조치를 취하겠다는 입장을 담은 내용증명을 보내는 것이 좋습니다.

왜냐하면 내용증명은 상대방을 심리적으로 압박함과 동시에 소송에서 유리한 증거로 활용할 수 있기 때문입니다. 만약 내용증명을 보내도 상대가 이에 응하지 않는다면 그때는 임차주택이나 임대인의 다른 재산을 가압류할 수 있고, 또한 보증금반환청구소송도 제기할 수 있습니다.

그러나 가압류를 하고자 할 때는 신중히 결정해야 합니다. 임차주택을 가압류하면 새로운 세입자를 구하기 힘들어질 수 있고, 반대로 다른 재산을 가압류하면 임대인이 임차주택을 처분할 경우 새로운 임대인과 다시 소송을 벌여야 할 수도 있기 때문입니다. 그러므로 임대인에게 다른 재산이 있다면 그 다른 재산에 대하여 가압류를 하는 것이 좋습니다.

한편 보증금반환청구소송은 사안의 특성상 단기간의 재판으로 끝날 때가 많지만 임대인이 계속 이의를 제기할 수도 있고 승소하더라도 압류 등 추가 조치가 필요하므로 적어도 6개월에서 1년 정도의 시간이 걸립니다.

따라서 가능하면 소송 이외의 방법으로 해결하는 것이 비용과 시간을 절약하는 길입니다.

2) 소액심판제도

소액심판제도란 분쟁 금액이 2천만 원 이하인 경우 사건을 심리한 후 바로 판결을 내리는 제도입니다. 보통 소송이 6개월에서 1년 정도 걸리는 반면 소액심판은 분쟁 금액이 소액이고 그 쟁점이 복잡하지 않아 그보다는 더 빨리 심리와 판결 절차가 이루어집니다.

특히 전세 분쟁의 경우에는 보증금 액수에 상관없이 소액심판제도를 이용할 수 있습니다. 주택임대차보호법에서는 임차인이 임대인에 대하여 제기하는 보증금반환청구소송에서는 소액사건심판법의 관련 조항을 준용하도록 하고 있습니다. 임대차 분쟁을 일찍 해결하는 데 도움을 주는 매우 유용한 제도라 할 수 있습니다.

소액심판을 신청하기 위해서는 우선 해당 법원 민사과에 가서 임대인과 임차인의 주소, 소를 제기하는 이유 등을 명시한 소장을 작성해야 합니다. 여기에 인지대와 송달료 등을 지불하고 임대차계약서 사본을 첨부해 접수하면 됩니다.

소장이 접수되면 즉시 변론 기일이 정해지고 재판도 단 1회에 끝나는 것이 원칙이기 때문에 첫 재판에서 모든 것이 판가름납니다. 따라서 첨부할 증거자료가 있으면 모두 첫 재판 이전에 준비해야 합니다.

그리고 만일 임대인이 재판에 출석하지 않고, 답변서도 내지 않으면 즉석에서 임차인에게 승소 판결을 내립니다. 또한 일반 재판과 달리 재판 당일에 직계존비속이나 배우자, 형제·자매 등을 통한 대리출석도 가능합니다. 이 경우 위임장과 호적등본 또는 주민등록등본을 지참해야 합니다.

3) 지급명령제도

채권·채무 관계가 분명한 경우 채권자가 제출한 서류만을 심사하여 채무자로 하여금 변제하도록 법적으로 확정하는 제도로서 독촉 절차라고도 합니다.

당사자가 법원에 출석할 필요가 없으므로 시간과 노력을 절약할 수 있고, 소송의 10분의 1에 해당하는 수수료와 당사자 1인당 4회분의 송달료만 납부하면 되므로 비용 또한 매우 저렴한 편입니다.

신청 방법은 민사조정을 신청할 때와 유사하며, 법원은 신청에 합당한 이유가 있다고 판단되면 신청한 지 2~3주 안에 임대인과 임차인에게 지급명령서를 발송합니다. 임대인이 지급명령서를 받은 후

2주 안에 이의신청을 하지 않으면 지급명령서는 확정판결과 동일한 효력을 갖게 되며, 이의를 제기하면 정식 소송절차로 넘어가게 됩니다.

2. 소송 이외의 해결 방법

1) 민사조정

민사조정은 민사상의 분쟁을 법원의 판결이 아닌 법관이나 조정위원의 권유에 따라 양 당사자가 서로 양보하여 당사자의 합의로서 해결하는 제도입니다.

신청 방법은 법원에 비치된 민사조정신청서에 사건명, 신청인과 피신청인의 주소, 신청 취지, 신청 원인 등을 작성하고 송달료와 인지대를 납부한 후 임대차계약서 사본을 첨부하여 제출하면 됩니다.

신청서를 접수한 약 2주 후에 법원에서 양 당사자에게 조정 기일을 통보해줍니다. 조정이 성립되면 작성하는 조정조서는 확정판결과 동일한 효력을 갖게 됩니다. 따라서 만일 임대인이 보증금을 반환하지 않는다면 임대인의 재산에 대해 강제집행에 들어갈 수 있습니다.

그러나 조정이 이루어지지 않으면 담당 판사가 강제조정을 하거나 민사소송으로 넘어가게 됩니다. 강제조정을 내린 경우에는 강제조정결정서를 송달받은 날부터 2주 안에 이의를 제기하지 않으면 그 내용대로 조정이 성립하고 이의를 제기하면 자동으로 민사소송으로 넘어가게 됩니다.

2) 임차권등기명령

계약 기간이 다 되었지만 보증금을 받지 못하고 이사를 가야 하는 경우가 있을 수 있습니다. 그렇다고 먼저 주민등록을 옮기자니 이미 취득한 대항력과 우선변제권을 상실하게 되므로 그럴 수도 없습니다. 이때 유용한 제도가 바로 임차권등기명령입니다.

계약 기간이 만료된 후이므로 임차인이 단독으로 관할법원에 신청할 수 있고, 비용 또한 저렴한 편입니다. 신청 시 필요한 서류에는 신청서와 등기부등본, 임대차계약서, 주민등록등본 등이 있으며, 신청이 받아들여지면 종전의 대항력과 확정일자에 의한 우선변제권도 그대로 인정받게 됩니다.

판결

임대차계약이 종료되면 임대인은 임차인에게 보증금을 반환해야 할 의무가 있으므로 임차인 전세남 씨는 임대인의 재산을 가압류함과 동시에 관할법원에 보증금반환청구소송을 제기할 수 있습니다.

여기서 승소 판결을 받으면 이를 가지고 반환을 청구할 수 있고, 만약 보증금 반환에 응하지 않으면 임대인의 재산을 압류하여 강제경매를 통해 보증금을 돌려받을 수 있을 것입니다.

그러나 이것은 시간과 비용이 많이 소요되므로 소송 이외의 방법, 즉 민사조정이나 독촉절차, 소액심판제도 등을 적극 활용하는 것도 좋은 방법입니다.

특히 2013년 9월 10일부터 임대보증금반환보증제도를 시행하고 있는데요, 이 제도 덕분에 융자 등 선순위 채권이 있는 주택에서도 일정 조건하에 임차보증금을 보장받을 수 있게 되었습니다. 집주인은 융자가 있어도 전세를 놓을 수 있고 세입자는 안전하게 전세보증금을 보장받을 수 있는 이점이 있는 것이지요.

경매로 집이 넘어갔는데 전세금을 돌려받을 수 있을까?

1년 반째 전세를 살고 있는 나전세 씨. 어느 날 집주인이 은행 대출금을 갚지 않아 집이 경매에 넘어간다는 말을 듣게 된다. 나전세 씨는 전세금을 돌려받을 수 있을까?

법률 포인트 _ 임차인 보호 방안

요즘은 대출을 끼지 않고 집을 사는 일이 거의 없습니다. 주택을 담보로 은행에서 대출을 받고 대신 근저당권을 설정해주는 것이 일반적입니다.

그렇다 보니 세입자는 계약을 할 때 자신보다 선순위 권리자가 있는지, 있다면 채권액은 얼마인지, 그리고 만약 경매로 넘어가면 자신이 보호받을 수 있는지 등을 꼼꼼히 따져보아야 합니다.

그러나 막상 경매가 실행되면 생각한 것만큼 낙찰대금이 많지 않아 보증금을 한 푼도 돌려받지 못하는 일도 생길 수 있습니다. 또한 그러한 사실을 잘 알면서도 보증금 때문에 어쩔 수 없이 살고 있는 사람도 적지 않은데요…….

그렇다면 현재 살고 있는 집이 경매로 넘어갈 경우 임차인은 어떤 보호를 받을 수 있을까요?

 법률 풀이

1. 소액 임차인 최우선변제권

주택임대차보호법은 일정 금액 이하의 소액 임차인에게는 그보다 순위가 앞서는 담보권자가 있다 하더라도 주택가액(대지가액도 포함)의 2분의 1 범위 내에서 최우선적으로 일정 금액의 보증금을 변제해주고 있습니다. 이를 소액 임차인의 최우선변제권이라 합니다.

2014년 1월 1일 현재 소액 임차인으로 보호받기 위해서는 우선 보증금의 한도가 서울은 9500만 원 이하, 수도권 중 과밀억제권역은 8000만 원 이하, 광역시는 6000만 원 이하, 그 밖의 지역은 4500만 원 이하여야 합니다. 우선변제 받을 수 있는 최대 금액도 각각 3200만 원, 2700만 원, 2000만 원, 1500만 원입니다.

여기서 한 가지 주의할 점은 모든 세입자에게 이 기준이 획일적으로 적용되는 것은 아니라는 사실입니다. 어느 정도를 소액 임차인으로 볼 것인지는 그동안 국가 정책에 따라 여러 번 변경되어왔고 또한 세입자가 최초로 전입한 날이 아닌 등기부등본상 최초로 근저당권이 설정된 날을 기준으로 결정되기 때문입니다. 따라서 보증금이 소액인 경우에는 임대차계약 시 최초로 근저당권이 설정된 날이 언제인지를 꼼꼼히 살펴보아 자신이 소액 임차인에 해당하는지를 반드시 확인해야 합니다.

각 시기별 소액 보증금 범위는 아래 표와 같습니다.

시기	구분	
	특별시·광역시(군 지역 제외)	기타 지역
1984. 1. 1~1987. 11. 30	300만 원 이하	200만 원 이하
1987. 12. 1~1990. 2. 18	500만 원 이하	400만 원 이하
1990. 2. 19~1995. 10. 18	2,000만 원 이하 임차인 중 700만 원까지	1,500만 원 이하 임차인 중 500만 원까지
1995. 10. 19~2001. 9. 14	3,000만 원 이하 임차인 중 1,200만 원까지	2,000만 원 이하 임차인 중 800만 원까지
2001. 9. 15~2008. 8. 20	① 수도권정비계획법에 의한 수도권 중 과밀억제권역 　: 4,000만 원 이하 임차인 중 1,600만 원까지 ② 광역시(군 지역과 인천광역시 지역은 제외) 　: 3,500만 원 이하 임차인 중 1,400만 원까지 ③ 그 밖의 지역: 3,000만 원 이하 임차인 중 1,200만 원까지	

2008. 8. 21~2010. 7. 25	① 수도권정비계획법에 의한 수도권 중 과밀억제권역 : 6,000만 원 이하 임차인 중 2,000만 원까지 ② 광역시(군 지역과 인천광역시 지역은 제외) : 5,000만 원 이하 임차인 중 1,700만 원까지 ③ 그 밖의 지역: 4,000만 원 이하 임차인 중 1,400만 원까지
2010. 7. 26~2013. 12. 31	① 서울특별시 : 7,500만 원 이하 임차인 중 2,500만 원까지 ② 수도권정비계획법에 의한 수도권 중 과밀억제권역(서울특별시 제외) : 6,500만 원 이하 임차인 중 2,200만 원까지 ③ 광역시(「수도권정비계획법」에 따른 과밀억제권역에 포함된 지역과 군 지역은 제외), 안산시, 용인시, 김포시 및 광주시 : 5,500만 원 이하 임차인 중 1,900만 원까지 ④ 그 밖의 지역: 4,000만 원 이하 임차인 중 1,400만 원까지
2014. 1. 1~	① 서울특별시 : 9,500만 원 이하 임차인 중 3,200만 원까지 ② 수도권정비계획법에 의한 수도권 중 과밀억제권역(서울특별시 제외) : 8,000만 원 이하 임차인 중 2,700만 원까지 ③ 광역시(「수도권정비계획법」에 따른 과밀억제권역에 포함된 지역과 군 지역은 제외), 안산시, 용인시, 김포시 및 광주시 : 6,000만 원 이하 임차인 중 2,000만 원까지 ④ 그 밖의 지역: 4,500만 원 이하 임차인 중 1,500만 원까지

다음으로 갖춰야 할 조건은 첫 경매개시결정 등기가 있기 전에 대항력, 즉 주택의 인도와 전입신고를 해야 한다는 것입니다. 이때 확정일자는 받지 않아도 상관없습니다. 그리고 이러한 대항력은 배당요구의 종기까지 유지하고 있어야 합니다. 배당요구의 종기란 경매

법원에 배당요구 신청을 할 수 있는 마지막 날을 말하며, 이는 경매 법원이 임의로 정하여 공고합니다.

마지막으로 배당요구의 종기까지 반드시 배당을 요구해야 합니다. 실제로 이를 잘 몰라 배당금을 한 푼도 받지 못하고 쫓겨나는 사람들이 많습니다.

2. 우선변제권

대항력 있는 임차인이 계약서에 확정일자까지 받아두었다면 경매 시 매각대금에서 다른 후순위 담보권자나 채권자보다 우선하여 보증금을 변제받을 수 있습니다. 이를 우선변제권이라 합니다.

우선변제권을 인정받으려면 배당요구의 종기까지 대항력을 계속 유지해야 하는 것은 물론 반드시 확정일자를 갖추어야 합니다. 따라서 경매가 진행 중일 때 주민등록을 다른 곳으로 옮기면 설령 확정일자가 있더라도 배당을 받을 수 없습니다. 임차인이 배당요구의 종기 전에 다른 곳으로 이사를 가거나 주민등록을 전출할 경우에는 임차권등기명령제도를 이용해야 한다는 점은 앞서 본 바와 같습니다.

그렇다면 확정일자란 무엇을 말하는 것일까요? 그것은 공증기관이 어떠한 증서가 그 날짜에 틀림없이 있었다는 것을 증명하기 위해 확인도장과 날짜를 기입하여 임의로 변경할 수 없도록 한 일자를 말합니다.

확정일자는 법원 등기과나 등기소, 공증인사무소 등에서 받을 수 있고, 전입신고 시 읍·면·동사무소에서도 받을 수 있습니다. 한 가지

주의할 점은 확정일자는 반드시 계약서 원본에 받아야 한다는 것입니다. 만약 이를 분실했을 경우에는 입증 자체가 어려우므로 잘 보관하셔야 합니다.

한편 담보권의 선후는 대항요건을 갖춘 날의 다음 날과 확정일자 중 늦은 날을 기준으로 다른 담보권이 설정된 날과 비교하여 정해집니다. 따라서 선순위 담보권자가 없다면 임차인은 배당절차에 참가하여 우선변제를 받을 수도 있고, 아니면 계약 기간이 끝날 때까지 살다가 낙찰자에게 보증금을 돌려받고 나갈 수도 있습니다.

그러나 선순위 담보권자가 한 명이라도 있다면 누가 경매신청을 했든 배당절차에 참가하여 배당을 받는 수밖에는 없습니다.

3. 대항력

주택을 인도받고 전입신고까지 마치면 임차주택을 양수한 양수인에게 종전의 임차권을 주장할 수 있는 권리가 생깁니다. 따라서 만약 임차인보다 선순위 담보권자가 없다면 설령 임차주택이 경매에 넘어간다 하더라도 계약 기간이 만료될 때까지 계속 살 수 있으며, 낙찰자에게 보증금을 받을 수도 있습니다.

그러나 선순위 담보권자가 있다면 소액 임차인에 해당하거나 우선변제권이 없는 한 일반채권자로서 경매에 참가하여 배당을 받을 수밖에 없습니다. 이때는 채권자로서 배당받는 것이므로 모든 물권자보다 후순위에 놓여 보증금을 돌려받을 가능성이 그만큼 낮아집니다.

따라서 확정일자는 반드시 받아두어야 합니다. 만약 배당절차에서 보증금의 전부 또는 일부를 돌려받지 못한다면 원래 임대인에게 나머지 금액을 청구할 수는 있지만 현실적으로 받기는 힘들 것입니다.

판결

앞서 살펴보았듯, 나전세 씨가 보증금을 돌려받을 길은 크게 3가지가 있습니다. 즉 소액 임차인으로 인정받든지, 대항력을 주장할 수 있는 상황이든지, 우선변제권을 행사하는 것입니다.

소액 임차인으로 인정받거나 우선변제권을 행사하여 배당에 참가하기 위해서는 우선 법원에 임차인으로서 권리신고와 배당요구를 해야 합니다. 즉 임대차계약서와 주민등록등본을 첨부한 '임차인 권리신고 및 배당요구 신청서'를 낙찰기일 전에 경매계에 제출해야 합니다.

보증금 중 일부를 배당받지 못한 경우에는 임대인의 나머지 재산에 대해 일반채권자로서 권리를 행사할 수 있습니다. 한편 배당이 종결되고 1주일이 넘도록 배당금을 찾아가지 않으면 법원은 이를 공탁하게 되고, 공탁된 배당금을 받으려면 낙찰자에게 이사 갈 날을 약속해주고 미리 명도확인서와 인감증명서를 받아 법원에 제출해야 합니다.

05

법원 경매 낙찰 시 세입자는 언제까지 집을 비워야 할까?

세입자인 서러워 씨가 살고 있는 집이 경매로 넘어갔다. 서러워 씨는 언제까지 집을 비워줘야 할까? 만약 집을 비워주지 않고 버틴다면 어떻게 될까?

법률 포인트_ 경매와 세입자의 지위

살고 있는 집이 경매로 넘어가면 세입자는 매우 불안한 처지에 놓이게 됩니다. 왜냐하면 자칫 자신의 전 재산이라 할 수 있는 보증금의 전부 또는 일부를 떼일 수도 있고, 그러면 당장 거리로 나앉아야 할지도 모르기 때문입니다. 그렇지만 집이 경매로 넘어갔다고 해서 세입자가 무조건 집을 비워줘야 하는 것은 아닙니다.

대항력 있는 임차인이라면 임대차 기간이 끝날 때까지 계속 살다가 낙찰자에게 보증금을 돌려받고 나갈 수 있고, 설령 대항력이 없다 하더라도 선순위 담보권자의 피담보채무를 대신 변제하여 등기를 말소한 후 그 말소 사실을 경매법원에 신고하면 대항력을 갖출 수도 있습니다.

물론 소액 임차인이거나 우선변제권이 있다면 배당에 참여하여 변제받은 후 나갈 수도 있을 것입니다. 이런 경우에는 배당금 수령을 위해 명도확인서가 필요하므로 배당기일 전에 집을 비워줘야 하는 것이 원칙입니다.

그러나 배당을 받지 못하거나 일부만 받은 경우 억울한 마음에 집을 비워주지 않고 버티는 세입자도 많은데요. 이런 경우는 어떻게 해야 할까요?

 법률 풀이

1. 인도명령

낙찰자가 매각대금(경락대금)을 모두 납부하면 소유권을 취득하게 되므로 채무자나 세입자가 집을 비워주지 않으면 매각대금 납부 후 6개월 이내에 법원에 인도명령을 신청할 수 있습니다. 인도명령은 채무자나 소유자 또는 임차인과 같은 점유자에게 해당 부동산을 낙찰자에게 넘겨줄 것을 명하는 것입니다.

신청 절차도 비교적 간단하여 법원에 비치된 신청서를 작성하고 1000원의 수입인지와 당사자 1인당 2회분의 송달료를 납부하고 부동산표시목록 3부와 함께 제출하면 됩니다.

보통 신청 후 2주 안에 서면심리만으로 결정이 내려지며, 결정서를 송달받은 지 1주일 안에 상대방이 즉시항고(이의제기)를 하지 않으면 인도명령이 확정됩니다.

결정서가 송달됐음에도 계속 인도 요구에 불응하면 강제집행에 들어가게 되는데요, 인도명령 결정서를 가지고 해당 경매계를 찾아가 송달증명원 및 집행문부여신청을 하고, 이를 받아 집행관 사무실에 접수합니다. 그 후 일정액의 수수료와 집행 비용을 예납하고 정해진 날짜에 집행하면 됩니다.

2. 명도소송

명도란 단순히 부동산을 인도하는 데 그치지 않고 세입자 등 점유자의 가재도구 일체를 밖으로 꺼내어 깨끗이 비운 상태로 그 부동산의 점유를 이전시키는 것을 말합니다.

인도명령 대상이 아니거나 인도명령 대상 기간 6개월을 넘긴 경우 점유자가 스스로 부동산을 인도해주지 않으면 명도소송을 제기한 후 승소를 해 강제집행을 하게 됩니다.

명도소송을 제기하려면 먼저 건물명도에 관한 소장을 작성해 관할법원 민사과 내지 종합민원실에 제출해야 합니다. 이때 상대방이 소송 중 점유를 이전하지 못하도록 하기 위해 통상적으로 점유이전

가처분신청도 함께 합니다.

재판이 확정되면 판결서를 가지고 민사과에 집행문부여신청을 하여 집행문을 부여받고, 관할법원 집행관실로 가서 강제집행신청서를 작성하고 소정의 수수료를 납부하면 건물명도에 관한 집행이 이루어집니다.

3. 원만한 해결 방법

위에서 살펴본 인도명령이나 명도소송은 상대방이 이의를 제기하면 상당한 시간이 소요됩니다. 따라서 낙찰자로서는 재판에서 승소한다 하더라도 시간과 비용을 허비하게 되고, 반면 임차인 등은 소송비용과 강제집행비용, 배당기일부터 명도 시까지의 임대료 등을 책임져야 하므로 돈은 돈대로 못 받고 추가 손해까지 감수해야 하는 상황에 처하게 됩니다.

다시 말해 소송을 통한 해결은 그 누구에게도 전혀 도움이 되지 않습니다. 따라서 양자가 원만히 합의하는 것이 최선의 방법입니다.

임차인 등은 무리한 이사비용을 요구하며 버틸 것이 아니라 낙찰자가 적정한 금액을 제시하면 이에 응하는 것이 좋습니다. 낙찰자 또한 비록 임차인 등의 이사비용을 지급해야 할 법률상 의무는 없지만 소송까지 갈 경우 일정 비용이 들어갈 수밖에 없으므로 그보다 약간 적은 금액을 이사비용으로 제시하여 내보내는 것이 합리적인 방법이 아닐까 합니다.

서러워 씨가 대항력 있는 임차인이라면 살고 있는 집이 경매로 넘어간다 하더라도 계약이 만료될 때까지 집을 비워줄 필요는 없으며, 낙찰자에게 보증금도 돌려받을 수 있습니다.

소액 임차인이거나 우선변제권이 있어 배당받기를 원한다면 낙찰자에게 명도확인서를 받아 배당기일에 제출해야 하므로 원칙상 배당기일 전에 집을 비워줘야 할 것입니다.

그러나 대항력이 없거나 또는 우선변제권이 있더라도 배당을 받지 못하여 집을 비워줘야 하는 경우에는 낙찰자와 원만히 합의하여 이사 갈 집을 알아보고 계약을 할 수 있는 유예기간을 얻어 이사 갈 날까지 거주할 수도 있을 것입니다.

만약 합의가 이루어지지 않는다면 소송을 통해 국가의 강제력을 동원할 수도 있겠지만, 이는 최선의 선택이 아님은 앞서 얘기한 바와 같으므로 양쪽 모두 합리적인 해결에 최선을 다해야 할 것입니다.

06

전세 기간 중 집이 매매되면 수수료는 누가 내야 할까?

전세를 살다가 집을 사 이사 가게 된 내집사 씨. 집주인은 또 전세를 놓는 대신 팔기를 원하는데, 마침 집을 살려는 사람이 나타났다. 그런데 집주인이 부동산 중개수수료를 내집사 씨에게 청구한다. 내집사 씨가 중개수수료를 내야 할까?

법률 포인트 _ 중개수수료 지급 책임

집을 사고팔거나 임대할 때 부동산중개소를 통하면 일정한 중개수수료를 지불해야 합니다. 중개수수료는 거래 형태와 거래 대금 그리고 지역에 따라 약간 차이가 있으나 거래 금액에 수수료율을 곱해서 산정합니다.

　서울을 예로 들면 임대차의 경우 5000만 원 미만이면 0.5%, 5000만 원 이상 1억 미만이면 0.4%, 1억 이상 3억 미만이면 0.3%, 3억 이상이면 0.8% 이내에서 협의하도록 되어 있습니다.

　또한 관련 법령에서는 그 한도액(서울의 경우, 5000만 원 미만이면 20만 원, 1억 원 미만이면 30만 원)을 명확히 규정하고 있는데, 이는 강행법규로서 그 한도를 초과하는 부분은 무효라는 것이 판례의 기본 입장입니다. 따라서 중개사가 법정 한도를 초과하는 수수료를 요구할 경우에는 지급할 필요가 없으며 이미 지급했다면 부당이득한 것이므로 돌려받을 수 있습니다.

　그렇다면 임대인과 임차인 중 중개수수료를 부담해야 할 사람은 누구일까요?

　중개업자는 중개 업무의 대가로 중개 의뢰인에게 소정의 수수료를 받게 됩니다. 공인중개사의 업무 및 부동산 거래 신고에 관한 법률 제32조 제1항에 따르면 임대인과 임차인 중 누가 중개를 의뢰했는지에 따라 부담 주체가 달라집니다.

　그러나 현실에서는 임차인에게 부담을 떠넘기는 사례가 많고 또한 많은 사람들이 그렇게 하는 것을 당연하게 여기고 있는데요, 그러한 관행이 법적으로 합당한지 사례별로 살펴보도록 하겠습니다.

 법률 풀이

1. 계약 기간 만기 전에 해지하는 경우

임대차 기간이 만료되지 않았음에도 임차인의 개인적인 사정으로 이사를 가야 할 경우가 있습니다. 이때는 임대인의 동의를 받아 임차인이 새로운 세입자를 구하고 중개수수료까지 부담하도록 하는 것이 관행처럼 굳어져 있습니다. 임차인이 이사를 가고 난 후 임대인은 새로운 임차인을 구해야 하므로 임대인이 중개업자에게 중개를 의뢰하게 될 것입니다. 따라서 이 경우 임차인이 부담하기로 달리 약정하지 않는 한 수수료는 임대인이 부담하는 것이 원칙입니다.

이 문제와 관련해 국토교통부는 "주택임대차 기간(재계약 포함)이 만료되기 전에 임대차 중개를 의뢰하는 경우 중개수수료 지불 주체는 거래 당사자로서 전 임차인이 될 수 없다. 다만 전 임차인이 임대인을 대신해 중개수수료를 부담하는 것은 당사자 간 사적 관계로 봐야 하므로 양 당사자가 서로 협의해 정할 사항이다"라고 유권해석을 내리고 있습니다.

그렇지만 중간에 계약을 해지하기 위해서는 임대인의 동의가 필요한데, 이 동의 속에 중개수수료를 임차인이 부담하기로 한다는 묵시적 합의가 포함되어 있다고 볼 수도 있습니다. 만약 그렇지 않다면 임대인이 동의해주겠느냐는 논리인데요, 그러나 현재의 임차인이 중개수수료를 대신 부담하는 것은 계약을 원활히 해지하기 위한 것이지 묵시적으로 합의를 했기 때문은 아니라고 보아야 할 것입니다. 따라서 중개수수료 지급 책임과 관련하여 다툼이 벌어져 재판까지 간다면 임차인은 훨씬 유리한 결과를 기대할 수 있을 것입니다. 그러나 이렇게 되면 계약을 해지하고 이사 가고자 한 임차인의 목적은 달성할 수 없을 것입니다.

2. 묵시적 갱신의 경우

임대차계약이 종료되기 6~1개월 사이에 양 당사자가 별도로 해지하겠다는 의사표시를 하지 않는다면 기존 계약과 동일한 조건으로 새로운 임대차계약이 체결된 것으로 봅니다. 이를 묵시적 갱신이라 하는데요, 이 경우 임대차의 존속기간은 2년으로 봅니다.

하지만 당사자 간에 별도의 계약을 하지 않는 이상, 임차인은 언제든지 계약을 해지할 수 있고, 계약해지를 통보한 날로부터 3개월이 지나면 임대차 관계가 종료됩니다.

이때 해지 통지 후 3개월이 경과하기 전에 임차인이 집을 비울 때 중개수수료를 누가 부담해야 하느냐 하는 문제가 생길 수 있는데요, 계약해지를 할 수 있는 것은 임차인의 정당한 권리이고, 3개월이 경과하기 전에 임차인이 집을 비우더라도 임대인은 3개월이 경과하기 전까지 임차보증금을 반환해줄 의무가 없을 뿐, 더 나아가 임차인에게 중개수수료를 부담케 할 수는 없습니다. 임대인이 새로운 임차인을 구해야 하므로 중개업자에게 중개를 의뢰하는 사람은 임대인이 될 수밖에 없기 때문이지요.

3. 임차주택이 매매된 경우

임차인이 살고 있는 주택이 매매된 경우에는 매수인이 기존의 임대인의 지위를 승계하게 됩니다. 이 경우 임차인은 임차인으로서의 지위를 계속 유지할 수도 있지만, 이를 원하지 않을 때는 임대차 관계를 종료할 수도 있습니다.

이때의 임대차 종료는 임차인의 당연한 권리이므로 새로운 임차인을 구할 중개수수료도 당연히 임대인이 부담해야 합니다. 따라서 임차인으로 하여금 중개수수료를 부담하게 하는 잘못된 관행은 사라져야 할 것입니다.

그리고 임대건물을 매매하는 경우에도 매도인이나 매수인은 이점을 유의하여 미리 임차인의 의사를 명확히 확인해야 할 것입니다.

판결

앞서 살펴본 바와 같이 임대차 기간이 끝나기 전이라 하더라도 중개수수료는 임대인이 부담하도록 하고 있으므로 달리 합의하지 않는 한 내집사 씨는 중개수수료를 낼 필요가 없습니다.

또 설사 임차인의 부담으로 한다는 합의가 있었다 하더라도 현재 살고 있는 임차인의 보증금에 해당하는 금액만큼의 중개수수료만 내면 되는 것이지 증액된 부분까지 책임질 필요는 없습니다.

그러나 계약 기간이 남아 있음에도 임차인의 사정으로 새로운 세입자를 알아봐야 하는 경우에는 임대인이 요구하면 기존 임차인이 수수료를 부담할 수밖에 없는 것이 현실이고, 또한 이를 법적으로 다투는 것도 쉽지 않습니다.

따라서 가장 현실적인 방법은 임차인이 계약을 해지할 정당한 권리가 있는 상황이라면 임대인이 부담하고, 그렇지 않고 임차인의 사정으로 부득이 이사를 가야 할 상황이라면 임차인이 부담하도록 미리 약정해두는 것이 아닐까 싶습니다.

07

양도세 절감을 위한 다운계약서도 효력이 있을까?

정다운 씨는 자기 소유의 부동산을 난몰라 씨에게 20억 원에 매도하면서 양도소득세를 줄이고자 양도가액을 7억 원으로 신고하기로 합의했다. 또한 이를 초과하여 신고하는 경우에는 양도소득세와 주민세 등 매매 관련 세금을 모두 매수인인 난몰라 씨가 부담하기로 약정했다. 그리고 정다운 씨는 20억 원 중 위 7억 원을 공제한 나머지 13억 원을 지급 받음과 동시에 현금보관증을 작성하여 난몰라 씨에게 교부해주었다. 그런데 정다운 씨가 위 부동산 양도가액을 20억 원으로 신고한 후 부동산 양도와 관련하여 부과된 양도소득세 및 주민세 합계 총 5억 7000여만 원을 매수인인 난몰라 씨에게 청구했다. 난몰라 씨가 양도가액을 줄여서 신고하기로 한 합의를 어긴 정다운 씨의 청구를 받아들여야 할까?

양도소득세는 원래 양도인이 부담하는 것이 맞습니다. 다만 양도인과 양수인 사이의 약정으로 양도소득세의 부담 주체를 양도인이 아닌 양수인으로 할 수는 있습니다. 양도소득세를 탈루하고자 하는 것이 아닌 이상, 세금을 부담하는 주체를 당사자들 간의 합의에 따라 변경하는 것이 사회질서에 반하는 것은 아니기 때문입니다.

원래 양도소득세를 덜 내기 위해 다운(down)계약서를 작성하는 것은 불법이기에 그 내용은 효력이 인정되지 않습니다. 위 사례에서 양도가액을 7억 원으로 신고하기로 한 약정은 효력이 없다고 하겠습니다.

그래서 다운계약서 내용을 위배하여 정다운 씨가 관세당국에 실거래가 20억 원으로 신고한 것은 잘못한 행위로 보지 않습니다. 만일 이를 잘못한 행위로 보면 양도소득세를 줄이려는 목적으로 한 당사자 간의 약정을 유효로 하겠다는 것이 되기 때문입니다. 결국 정다운 씨와 난몰라 씨의 약정 중 '양도가액을 7억 원으로 신고'하기로 한 약정은 효력이 없는 셈이 됩니다.

 법률 풀이

그런데 '만일 이를 초과하여 신고하는 경우에 양도소득세와 주민세 등 매매관련 세금'을 난몰라 씨가 부담하기로 한 약정은 효력이 없다고 볼 수만은 없습니다. '초과하여 신고하는 경우'는 실거래가로 신고하는 경우로 보아 실제 부과되는 양도소득세를 매수인인 난몰라 씨가 부담하기로 한 약정으로 해석되기 때문입니다.

정다운 씨가 비록 실거래가로 신고한 것은 도의적으로는 잘못한 일이지만, 법적으로 보면 5억 7000여만 원의 세금은 난몰라 씨가 내는 것이 맞습니다. 그러므로 정다운 씨의 청구는 법적으로 정당한 것입니다.

한편 정다운 씨가 원래 7억 원으로 신고하기로 했는데, 이를 어기고 실거래가로 신고했다는 이유로 난몰라 씨가 정다운 씨를 상대로 위 매매계약을 해제할 수 있을까 하는 의문이 생깁니다.

만일 현실적으로 난몰라 씨와 같은 입장에 처한 사람들이라면 매매계약을 해제하겠다는 내용증명우편을 매도인에게 발송할 확률이 매우 높다고 하겠습니다.

그러나 이러한 사유로 매매계약을 해제할 수는 없습니다. 앞서 본 바와 같이 양도가액을 7억 원으로 신고하기로 한 약정은 효력이 없는 것이어서 그 약정을 지키지 않았다고 하여 정다운 씨를 법적으로 탓할 수는 없기 때문입니다. 법적으로 보면 정다운 씨는 전혀 잘못한 것이 없으니 정다운 씨가 그 약속을 지키지 않았다고 하여 매매계약을 해제할 수는 없는 노릇입니다.

그렇다면 난몰라 씨가 다운계약서는 법적 효력이 없으니 정다운 씨와 난몰라 씨의 매매계약 또한 효력이 없다고 주장할 수는 없을까요?

다운계약서가 효력이 없다고 해도 매매계약 자체는 여전히 유효합니다. 이런 거래에서는 원래의 매매대금을 모두 지급하고, 다운계약서상의 매매대금 외에 나머지 매매대금은 현금보관증과 같은 형태의 영수증을 통하여 수수되는 것이 보통이기 때문입니다. 그래서 다운계약서, 정확히 말하면 양도가액을 낮춘 부분에 관한 약정만 효력이 없는 것으로 봅니다.

마지막으로, 매수인인 난몰라 씨가 다운계약서가 작성된 이후 실거래가인 20억 원으로 된 매매계약서를 새로 작성해야만 중도금 및 잔금을 지급하겠다고 하고, 매도인인 정다운 씨가 실거래가로 된 매매계약서 작성을 거부했다면 중도금 및 잔금을 지급하지 않아도 되는 것일까요?

위 매매계약이 여전히 유효하므로 실거래가로 된 매매계약서를 작성해주지 않는다고 하여 중도금 및 잔금을 지급하지 않을 수는 없는 일입니다.

앞서 본 바와 같이 정다운 씨는 다운계약서를 작성해서 양도소득세를 떠넘기는 큰 이득을 보았고, 난몰라 씨는 다운계약서를 작성한 탓에 큰 손실을 입었습니다. 매수자가 함부로 다운계약서를 썼다간 생각지도 못한 큰 손실을 볼 수 있다는 점 유념할 일입니다.

08 시공사의 하자보수 기간은 언제까지일까?

20년 만에 처음으로 자기 집을 갖게 된 이제야 씨. 그런데 막상 입주해 보니 아파트 옥상에서 누수가 발생하고, 지하주차장 또한 여기저기 보수가 필요하다는 사실을 알게 되었다. 아파트 자치관리기구를 통해 시공사에 보수를 요구했으나 여전히 나아지지 않고 시간만 자꾸 흘러갔다. 급기야 사업주체인 건설회사는 제척기간(除斥期間, 어떤 종류의 권리에 대하여 법률상으로 정해진 존속 기간)이 경과했다며 하자담보책임이 없다고 주장한다. 그렇다면 시공사의 하자보수 기간은 언제까지일까?

우리 민법은 여러 책임 관련 규정을 두고 있는데, 그중 하나가 바로 제3의 책임이라 일컬어지는 담보책임입니다. 담보책임이란 매매계약의 목적물인 권리 또는 물건에 하자 내지 불완전한 결함이 있는 경우에 설령 매도인에게 잘못이 없더라도 그 하자에 대해 매도인이 부담하는 책임을 말합니다.

특히 우리 민법은 도급에 관해서는 별도의 담보책임 규정을 두고 있습니다. 그에 따르면 목적물(법률행위의 목표가 되는 물건)에 하자가 있는 경우 하자의 보수나 손해배상을 요구할 수 있고, 특히나 목적물이 건물인 경우에는 길게는 10년 동안 담보책임을 지도록 하고 있습니다.

그런데 아파트와 같은 공동주택에 하자가 발생한 경우 시공사나 분양자의 책임을 규정한 법률로는 '주택법'과 '집합건물의 소유 및 관리에 관한 법률(이하 '집합건물법')'이 있습니다. 그동안 주택법과 집합건물법은 몇 차례 개정된 바 있습니다. 이 중 집합건물법은 민법상의 수급인의 담보책임에 관한 규정을 따르도록 하고 있고, 주택법은 별도 규정을 통해 그 기간을 단축하여 상대적으로 입주자에게 불리하게 규정하고 있었습니다. 그런데 최근 담보책임의 존속 기간에 대하여 집합건물법을 적용하도록 재개정이 이루어졌습니다. 실제로 하자가 발생하면 구체적으로 어떤 법이 어떻게 적용되는지 알아보도록 하겠습니다.

 법률 풀이

1. 주택법과 집합건물법의 관계

2005년 5월 26일 집합건물법 및 주택법이 개정되기 이전에는 일반적으로 공동주택의 모든 하자에 대해서는 민법 제671조 제1항에 따라 10년간의 하자보수책임 기간이 적용되는 것으로 보았습니다.

그런데 건설사들을 중심으로 이러한 기간이 너무 길다는 주장이 꾸준히 제기되었고, 그에 따라 2005년 5월 26일 집합건물법과 주택법이 개정되면서 공동주택의 담보책임 및 하자보수에 관하여는 주택법 제46조의 규정을 따르도록 했습니다.

주택법 제46조는 "공동주택의 사용검사일 또는 사용승인일부터 공동주택의 내력구조부별 및 시설공사별로 10년 이내의 범위에서 대통령령이 정하는 담보책임 기간 안에 공사상의 잘못으로 하자가 발생한 경우에 하자보수를 청구할 수 있다"고 규정했습니다. 그리고 주택법 시행령은 내력구조부의 하자보수책임 기간은 기둥·내력벽은 10년, 보·바닥 및 지붕은 5년, 그 이외의 시설구분에 따른 하자보수책임 기간은 공사별로 1~4년으로 세분화하여 규정했습니다.

그런데 이는 집합건물법상의 하자담보책임 기간인 10년보다 훨씬 줄어든 것으로 공동주택 소유자에게 매우 불리한 것이며 또한 하자담보책임과 관련해서만 주택법의 적용을 받도록 함으로써 여전히 위헌의 소지를 안고 있었습니다.

이러한 비판이 있자, 2012년 12월 18일 집합건물법과 주택법이 다시 개정되어 2013년 6월 19일부터 시행되기에 이르렀습니다.

2. 공동주택의 하자담보책임 기간

현행 주택법 제46조 제1항에서는 개정 전 주택법과는 달리 "민법 제667조부터 제671조까지의 규정을 준용하도록 한 집합건물법 제9조에도 불구하고"라는 부분이 삭제되었습니다. 그 결과 공동주택의 하자에도 담보책임의 존속기간에 관한 집합건물법의 규정이 적용되기에 이르렀습니다.

집합건물법 제9조의2 제1항에서는 건물의 주요구조부 및 지반공사의 하자는 10년, 그 이외의 하자는 하자의 중대성, 내구연한, 교체 가능성 등을 고려하여 5년의 범위에서 대통령령으로 정하는 기간으로 규정하고 있습니다. 이에 따라 집합건물법 시행령 제5조는 사용승인 이전의 하자는 5년으로, 사용승인 이후에 발생한 하자로서 대지조성공사, 철근콘크리트공사, 철골공사, 조적공사, 지붕 및 방수공사의 하자 등 건물의 구조상 또는 안전상의 하자는 5년으로, 건축설비 공사, 목공사, 창호공사 및 조경공사의 하자 등 건물의 기능상 또는 미관상의 하자는 3년으로, 마감공사의 하자 등 하자의 발견·교체 및 보수가 용이한 하자는 2년으로 각각 규정하고 있습니다.

집합건물법과 주택법에서 규정하는 하자보수책임 기간이 동일한 경우도 있으나, 그 기간이 다른 경우도 적지 않습니다. 가령 가스 및 소화설비공사는 집합건물법과 주택법에서 모두 3년간의 하자보수책임 기간을 규정하고 있습니다. 반면에 지붕 및 방수공사는 집합건물법에서는 5년간, 주택법에서는 4년간의 하자보수책임 기간을 규정하고 있습니다. 그러나 대체로 집합건물법에서 규정하는 하자보수책임 기간이 주택법에서 규정하는 하자보수책임 기간보다 더 길다고 하겠습니다.

이와 같이 공동주택에도 개정된 집합건물법이 적용되어 주택법만이 적용되던 종전보다는 공동주택의 소유자들이 유리해졌습니다. 다만 집합건물법령의 규정에 의한 하자보수책임 기간에 따라 하자담보책임을 져야 할 주체는 사업주체인 분양자와 시공사고, 주택법의 하자보수책임 기간에 따른 보증책임 주체는 하자보수보증인인 점은 주의를 요합니다. 보통 입주자대표회의는 주택법에 따라 사업주체에 대하여 하자보수청구권을 가집니다. 이 경우 사업주체는 하자보수의무를 담보하기 위해 하자보수보증인인 보증회사로부터 하자보수보증금 보증서를 발급받아 예치하고 있습니다. 그래서 입주자대표회의는 하자보수보증금으로 신속하게 하자를 보수할 수 있도록 하기 위하여 하자보수책임 기간 내에 보증회사를 상대로 하자보수보증금을 청구하는 것이 일반적입니다.

3. 하자보수를 갈음하는 손해배상청구권 등

사업주체가 하자보수의무를 이행하지 않는 경우에는 구분소유(여러 사람이 한 동의 건물을 여럿으로 구분하여 그 일부를 소유하는 일)자들은 손해배상을 청구할 수 있습니다.

한편 입주자대표회의는 사업주체에게 하자보수를 요구할 수는 있지만 손해배상청구권을 갖지는 않습니다. 따라서 입주자대표회의가 하자보수를 갈음하는 손해배상을 청구하는 소송을 제기한다 하더라도 이는 아무런 권한 없이 제기한 것이 되어 소멸시효가 중단되지 않기 때문에 자칫하면 시효가 경과하여 권리 자체를 상실할 수도 있습니다.

따라서 이런 경우에는 입주자대표회의가 구분소유자들에게 하자보수에 갈음하는 손해배상청구권을 양도받고 이를 사업주체에게 통지한 후 소를 제기하는 것이 타당할 것입니다.

판결

만약 이제야 씨가 입주한 아파트가 2005년 5월 26일 이전에 공동주택의 사용검사 또는 사용승인을 받았다면 주택법이 아닌 집합건물법의 적용을 받게 되므로, 시공사 또는 시행사가 10년 동안 담보책임을 부담하게 됩니다.

2005년 5월 26일 이후 2013년 6월 19일 이전에 사용검사 또는 사용승인을 받았다면 주택법의 적용을 받게 되므로 그 하자로 인해 아파트가 무너지거나 무너질 우려가 있는 경우가 아니라면 공사의 내용과 하자의 종류에 따라 1~4년간 하자보수책임을 지게 될 것입니다.

2013년 6월 19일 이후에 사용검사 또는 사용승인을 받았다면 집합건물법의 적용을 받게 됩니다. 대부분 하자들은 집합건물법에서 규정하는 하자보수책임 기간이 주택법에서 규정하는 하자보수책임 기간보다 더 길다는 점은 앞서 본 바와 같습니다.

매매계약서 작성 시 유의사항

결혼을 하면서 집 장만도 같이 하게 된 신혼부부 갑돌 군과 갑순 양. 생전 처음 해보는 계약이라 걱정이 앞선다. 부동산 매매계약, 어떻게 하는 걸까? 부동산 매매계약을 체결할 때 일반적으로 주의해야 할 사항들을 중심으로 살펴보도록 하겠습니다.

1. 계약 체결 전

① 해당 지역 법원 등기과나 등기소 또는 대법원 홈페이지에서 토지와 건물 등기부등본을 발급받거나 열람하여 계약하고자 하는 부동산의 소유자를 확인하는 한편, 소유권을 제한하는 가등기나 예고등기, 근저당권, 저당권, 압류, 가압류 등기 등이 있는지 확인하고, 만약 있다면 이를 어떻게 처리할 것인지를 분명히 해야 합니다.

② 상가건물이나 다가구, 토지 등을 거래할 경우에는 시·군·구청 등에서 건축물관리대장과 토지대장을 발급받아 지번과 면적, 소유자 등을 확인하고 등기부등본과 차이는 없는지 확인합니다.

③ 건물을 짓기 위해 토지를 구입할 경우에는 가까운 시·군·구청에서 도시계획확인원을 발급받아 토지이용의 규제사항, 적용기준, 관리사항, 관련법규 등을 확인하여 이용 시 제약을 받을 수 있는 사항이 있는지 꼼꼼히 확인해야 합니다.

④ 매도자는 실제 소유자가 아니라 등기부상 소유자여야 하므로 신분증을 통해 본인인지 확인하고, 만약 등기부상의 소유자가 아니라면 적절한 대리권이

있는지를 위임장과 인감증명서를 통해서 확인해야 합니다.

2. 계약 체결 시

① 계약 체결 시 다음 사항을 빠짐없이 기재해야 합니다.

등기부등본상과 토지대장상의 목적물 표시, 대금의 액수와 지불 시기 및 방법, 매도인과 매수인의 성명, 주민증록번호, 주소, 연락처, 부동산의 명도 시기, 부동산 소유권의 이전 및 매도인의 책임사항, 계약 해지조건 등

② 계약서 작성 요령

우선 매매대금은 아라비아숫자보다는 한자로 표기하고, 누구나 이해하고 알기 쉽게 작성합니다. 또한 특약란에는 계약 당시의 등기상 권리관계 상태를 잔금 지급 시까지 유지하여 양도한다는 내용과 이를 위반할 경우의 처리 방안 그리고 계약을 이행하지 않을 때는 손해배상을 한다는 내용 등 분쟁의 소지가 있는 모든 내용을 기재하여 그 해결 방안을 명확히 할 필요가 있습니다.

또한 계약 내용 중 일부 내용을 수정할 경우에는 두 줄을 긋고 정정한 후 날인을 해야 합니다. 계약서를 빠짐없이 모두 작성한 후에는 다시 한 번 꼼꼼히 살펴 이상 유무를 확인하고 이상이 없을 시 기명날인한 후 간인을 하여 원본임을 명확히 하고 당사자와 중개인 각각 1부씩 보관합니다.

3. 계약 체결 후

중도금과 잔금을 지급하기 전에 다시 한 번 등기부등본을 떼어 권리변동이 있는지 반드시 확인해야 합니다. 왜냐하면 일단 계약을 체결한 후 중도금이나 잔금 지불 시 또는 소유권 이전 시기에 맞춰 집을 담보로 잡히는 경우가 있기 때문입니다. 따라서 계약 시, 특히 잔금을 지불할 때는 반드시 전문가의 도움을 받는 것이 좋습니다.

한편 전세권이나 임차권 등을 떠안고 매수하는 경우에는 공제할 금액을 정확히 계산했는지도 확인합니다. 특히 매도용 인감증명서에 기재된 매수인의 인

적사항이 올바르게 적혀 있는지 확인하고, 매도인이나 세입자의 각종 공과금이나 세금 등이 모두 납부되었는지도 관련 영수증을 확보해 확인하는 것이 좋습니다. 이러한 사항을 모두 확인한 후 이상이 없으면 잔금을 지급하고 등기이전에 필요한 모든 서류와 영수증을 받아두면 됩니다.

4. 부동산등기 시 필요한 서류

① 매도인이 준비할 서류

등기권리증(소유자가 매도인으로 되어 있는 등기부등본상의 접수번호와 일치하는 등기권리증이어야 함), 부동산 매도용 인감증명 1통(매수자의 인적사항이 반드시 적혀 있어야 함), 주민등록등(초)본 1통, 인감도장, 양도신고확인서 1통(양도신고 대상자인 경우), 위임장(대리인에게 위임한 경우)

② 매수인이 준비할 서류

주민등록등본 1통, 도장(인감도장이 아니어도 됨), 농지취득자격증명원(농지를 취득하는 경우), 토지거래허가필증(토지거래허가구역인 경우), 국민주택 매입필증, 등록세 영수필 확인서 및 통지서, 토지대장 1통, 건축물관리대장 1통, 개별공시지가 확인원 1통(토지대장에 공시지가가 표시되어 있으면 불필요)

③ 제세공과금

취득세(매매대금의 1~3%), 교육세(취득세의 10/100, 단 농지는 취득세의 2/30), 농특세(매매대금의 0.2%. 단 전용면적 85㎡ 이하와 2년 이상 자경농지는 비과세), 국민주택채권(과세표준액 기준), 수입증지(필지당 1만 5000원)

 아파트 소유주의 배우자와
매매계약을 체결했는데
소유주는 이를 전혀 모르는
일이라고 한다면?

임태산 씨는 김도진 씨 소유의 아파트를 매입하려고 한다. 임태산 씨는 김도진 씨가 부재중인 관계로 그 배우자인 서이수 씨와 매매계약을 체결했다. 당시 임태산 씨는 서이수 씨가 김도진 씨의 인감증명서와 인감도장을 가지고 있는 것을 확인했고 매매대금을 지급했다. 그런데 김도진 씨는 이를 전혀 모르는 사실이라며 매매계약이 무효라고 주장했다. 임태산 씨는 위 아파트의 소유권을 취득할 수 있을까?

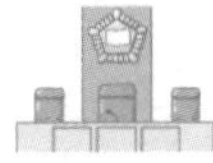

법률 포인트_ 대리제도

계약을 반드시 본인이 체결할 필요는 없습니다. 만일 모든 거래를 본인만 해야 한다고 하면 엄청나게 불편할 것입니다. 그래서 두고 있는 제도가 대리제도입니다.

한편, 대리제도로 인하여 편리한 점도 있기는 하나, 본인이 아닌 다른 사람이 본인을 대신해서 하는 것이므로 본인이 생각하는 대로 계약이 처리되지 않을 수도 있고, 그 결과에 본인이 책임을 져야 하는 일도 생길 수 있습니다.

결국 편리한 대리제도를 잘 활용하면 별문제가 없다는 말이 되는데, 현실에서는 반드시 그렇지만은 않은 것 같습니다.

 법률 풀이

김도진 씨가 배우자인 서이수 씨에게 자신이 급한 일 때문에 그러하니, 임태산 씨와 아파트 매매계약을 대신해서 체결하라고 부탁을 합니다. 그러면서 필요한 인감증명서와 인감도장을 맡겼습니다. 보통은 김도진 씨와 서이수 씨가 부부지간이므로 당연히 큰 문제가 없다고 생각하고, 부부임이 확인되면 남편인 김도진 씨의 인감증명서와 인감도장이 진짜임을 확인하고 계약을 체결할 것입니다.

그런데 가령 서이수 씨가 남편인 김도진 씨 모르게 큰 빚을 지고 있는 경우를 생각해봅시다. 김도진 씨와 서이수 씨는 부부이므로 서이수 씨가 김도진 씨의 인감증명서와 인감도장을 손에 넣을 기회가 얼마든지 있게 마련입니다. 그래서 서이수 씨는 어차피 이 아파트 말고도 한 채가 더 있으니, 남편 모르게 이 아파트를 팔아서 우선 급한 빚부터 갚고 전후 사정은 나중에 남편에게 말해도 될 것이라고 생각하면서, 남편인 김도진 씨 모르게 임태산 씨와 아파트 매매계약을 체결합니다.

앞서 본 예와 비교해보면 사실관계가 확연히 다르다는 것을 알 수 있습니다. 그러나 여전히 달라지지 않은 점이 한 가지 있습니다. 임태산 씨는 여전히 서이수 씨와 체결한 아파트 매매계약이 아무런 문제없는 계약이라고 생각할 것이라는 점입니다. 그도 그럴 것이 김도진 씨와 서이수 씨가 부부이기 때문입니다.

전자의 경우, 그러니까 김도진 씨가 배우자인 서이수 씨에게 위 아파트 매매계약을 체결하라고 한 상황에서는 서이수 씨는 대리행위를 남편 김도진 씨에게 위임받은 것이므로 아무런 문제가 없습니다.

그러나 후자의 경우에는 남편인 김도진 씨가 배우자인 서이수 씨에게 아파트를 매매하라고 한 사실이 전혀 없습니다. 그러므로 이 경우에는 서이수 씨가 아무런 권한 없이 대리행위를 한 것입니다. 이를 법적으로는 무권대리라고 합니다. 권한 없이 한 대리행위라는 뜻입니다.

서이수 씨의 무권대리로 이루어진 아파트 매매계약에 대하여 김도진 씨가 책임을 질 이유는 전혀 없습니다. 김도진 씨와 서이수 씨가 부부라 하더라도 마찬가지입니다.

남편인 김도진 씨는 아파트를 내놓은 적이 없고, 또 그럴 의사도 없으니 전혀 모르는 사실이라고 하는 것입니다. 이 경우에는 남편 김도진 씨가 자신의 배우자인 서이수 씨를 사문서 위조 등으로 형사고소를 할 수도 있습니다.

현실적으로 임태산 씨로서는 김도진 씨가 어떻게 전혀 모를 수가 있느냐고 따질 수 있는데, 전혀 몰랐다는 점을 입증하기 위해서 김도진 씨가 부인인 서이수 씨를 고소하는 것이지요. 당연히 서이수 씨는 형사처분을 받을 수밖에 없습니다.

판결 

위 사례에서 임태산 씨와 서이수 씨 사이의 아파트 매매계약은 서이수 씨의 무권대리에 의해 이루어진 것이므로 법적 효력이 없습니다. 따라서 임태산 씨는 위 아파트의 소유권을 취득할 수 없고, 소유자인 김도진 씨에게 아무런 책임도 물을 수 없습니다.

그러므로 집주인의 배우자가 집주인의 인감증명서와 인감도장을 가지고 대리인으로 계약을 체결하려고 하더라도 바로 계약을 체결해서는 안 됩니다.

부부라고 하더라도 집주인이 배우자에게 매도를 위임했는지 반드시 확인해야 합니다. 요즈음은 통신기술이 발달해서 핸드폰으로 얼마든지 확인할 수 있습니다. 임태산 씨는 그러한 확인을 하지 않았으므로 위 아파트의 소유권을 취득하기는 힘들어 보입니다.

혼자 부담한 장례비를
형제들에게
청구할 수 있을까?

김장남 씨의 부친이 사망한 후, 장례비용으로 1000만 원이 들어가고 부의금으로 200만 원 정도가 들어왔다. 들어온 200만 원의 부의금은 모두 장례비로 사용하고, 나머지 800만 원의 장례비용은 김장남 씨가 부담했다. 김장남 씨는 혼자 부담한 장례비용을 공동상속인인 두 명의 형제에게 청구하고자 하는데, 가능할까?

법률 포인트_ 부의금 분담

우선 부의금의 성격부터 알아봅시다. 부의금의 사전적 의미는 '상가(喪家)에 부조로 보내는 돈이나 물품'입니다. 그러므로 부의금은 장례비에 먼저 충당할 것을 조건으로 한 금전의 증여로 보는 것이 일반적입니다. 따라서 접수된 부의금 금액이 상속인별로 다르더라도 모두 장례비로 먼저 충당해야 합니다.

위 사례에서는 장례비용보다 적은 액수의 부의금이 들어왔으므로, 부의금을 모두 장례비로 사용한 것에는 아무런 문제가 없습니다. 문제는 김장남 씨가 혼자서 나머지 800만 원의 장례비용을 모두 다 부담한 경우, 나머지 형제들에게 비용 분담을 요구하는 것이 적법한가 하는 것과 적법하다면 분담 비율은 어떻게 정하는가 하는 점입니다.

자식들의 법정상속분은 공히 1/n이므로 김장남 씨는 두 형제들에게 800만 원×1/3씩 분담할 것을 요구할 수 있을 것입니다. 따라서 두 형제가 분담해야 할 액수는 각각 260여만 원이 되겠습니다(서울가정법원 2008느합86 판결).

 법률 풀이

부의금이 장례비용보다 많이 들어온 경우에는 어떻게 처리할까요. 그런 경우에는 상속인별로 접수된 부의금의 비율대로 장례비용을 충당한 다음, 나머지 금액은 부의금을 받은 상속인에게 귀속하는 것이 타당합니다.

가령 부의금이 2000만 원이 들어왔다고 가정해봅시다. 위 부의금 중 김장남 씨의 지인들이 1000만 원의 부의금을 내고, 김장남 씨의 두 형제가 각 500만 원씩 부의금을 받았다고 해보지요. 이 경우 김장남 씨와 그 형제들이 각자 충당해야 할 금액은 다음과 같이 계산합니다.

김장남 씨가 충당할 금원 = 1000(장례비용)×1000(부의금)÷(1000 + 500 + 500) = 500만 원이 됩니다. 김장남 씨의 두 형제들은 각 500만 원의 부의금을 받았으므로 위와 같이 계산하면 250만 원이 됩니다. 그러면 김장남 씨가 지인들에게 받은 1000만 원의 부조금 중 장례비용에 충당하고 남은 500만 원은 김장남 씨에게 귀속되는 것이라고 할 것입니다. 마찬가지로 김장남 씨의 두 형제에게도 각 250만 원이 귀속되는 것이라고 보면 되는 것입니다.

한편, 만약 위 부의금 2000만 원 중 500만 원이 누구를 보고 들어온 부의금인지 불분명하고, 김장남 씨와 그 형제들이 각 500만 원의 부의금을 받은 경우에는 우선 불분명한 부의금 500만 원을 장례비용으로 충당합니다. 그리고 나머지 장례비용 500만 원은 부의금이 공히 500만 원씩 같으므로 각 1/3의 비율대로 충당하고, 남은 금액은 김장남 씨와 두 형제들에게 귀속되는 것으로 처리하면 될 일입니다.

만일 김장남 씨의 다른 형제들이 상속을 포기한다면 장례비용을 부담해야 하는지도 살펴볼 필요도 있습니다. 상속을 포기한다는 것은 상속인이 아니라는 의미인데, 상속인이 아닌 사람에게 장례비용 부담을 요구할 수는 없지 않겠는가 하는 의문이 들 수 있습니다.

그러나 상속을 포기한다고 해서 친족관계, 즉 부자(父子)관계가 없어지는 것은 아닙니다. 장례비용 부담은 상속에 근거를 두는 것이 아니라 망인과의 친족관계에서 비롯된 것으로 파악함이 타당하므로 상속을 포기했다고 하여 장례비용 부담 의무까지 없어진다고 볼 수는 없습니다.

판결

결국 김장남 씨는 앞서 살펴본 바와 같이 다른 형제들에게 장례비용 800만 원에 대하여 그 법정상속분 비율에 따라 각 260여만 원의 금원을 분담할 것을 요구할 수 있습니다.

11 아내가 남편 명의의 아파트를 담보로 대출계약을 맺었다면, 무효일까?

김주부 씨의 남편은 업무상재해로 머리를 크게 다치는 바람에 정신이상으로 오랫동안 병원에 입원해 있었다. 그 바람에 김주부 씨는 생활이 매우 어려워졌다. 그래서 남편 명의의 아파트를 담보로 대출을 받은 후 병원비 및 생활비 등으로 지출해왔다. 그런데 남편이 의식을 회복해 퇴원한 후 위 아파트를 담보로 대출받은 것은 무효라고 주장하고 나섰다. 과연 그러할까?

법률 포인트_ 배우자 명의의 재산을 담보로 한 대출계약

남편의 명의로 된 재산이 남편의 것이라는 데는 이견이 없을 것입

니다. 그러므로 남편 소유의 재산을 처분할 때는 반드시 남편의 동의
를 받아야 합니다. 처분이 반드시 매매에 한정되는 것은 아닙니다.
남편의 재산을 담보로 대출을 받는 것도 처분에 해당합니다.

따라서 재산을 매입하고자 하는 매수인이나 재산을 담보로 대출
을 해주고자 하는 사람은 소유주 본인이 직접 계약을 체결하지 못하
는 사정이 있을 때는 반드시 소유주에게 매도 의사나 담보 의사를 확
인하는 절차를 거쳐야 합니다.

그러나 현실적으로는 그 부인인 김주부 씨가 남편의 대리인이므로
남편에게 확인 절차를 거치지 않고 계약을 체결하는 것이 보통입니다.

남편의 의식이 정상적이었는데도 남편에게 아무런 확인을 받지
않았다면 위 계약은 효력이 없다고 할 것입니다. 또한 남편이 정신이
상이라고 해서 확인을 받지 않고 이루어진 계약 역시 유효할 수 없습
니다.

의식이 정상이든 아니든 간에 남편의 재산이고, 남편의 허락 없이
이루어진 처분행위임은 변함이 없기 때문입니다. 그러나 남편의 정신
상태가 정상이 아니고, 대출금을 남편의 병원비 및 생활비로 지출했다
는 점에서 보면 남편 명의의 아파트를 담보로 한 대출계약을 정당화할
수 있는 면도 없지 않습니다.

 법률 풀이

　부부 사이에는 일상의 가사행위에 대하여 서로 대리권이 있고, 부부 일방이 일상의 가사와 관련해 채무를 부담한 경우에는 다른 일방도 이로 인한 채무에 대하여 연대책임이 있습니다.

　이것을 법에서는 일상가사 대리권이라고 합니다. 법률에 의해서 인정되는 것이므로 모든 부부 사이에는 일상가사 대리권이 존재합니다. 일반적으로 일용품의 구입비용, 교육비, 의료비, 자녀 양육비 등의 지출에 관한 사무는 일상가사의 범위에 속하는 것으로 볼 수 있습니다.

　금전차용의 경우에는 일상적인 생활비로서 타당한 범위의 것만이 일상가사의 범위에 포함됩니다. 그 이외의 통상적인 금전의 융자나 가옥의 임대차 등은 일상가사의 범위를 벗어나는 것이라고 보고 있습니다.

　그러므로 금전차용 행위는 금액, 차용 목적, 실제 지출 용도, 기타 사정 등을 고려하여 그것이 부부의 공동생활에 필요한 자금 조달을 목적으로 하는 것인지에 따라 일상가사의 범위에 속하는지 여부가 달라집니다.

　일상가사의 범위에 속하는 것이라면 굳이 배우자의 확인을 받을 필요는 없습니다. 앞서 본 바와 같이, 일상가사의 범위 내에서는 금전차용 행위의 정당한 대리권을 법에서 인정하기 때문입니다.

　남편이 정신병으로 장기간 입원했고 입원 당시 입원비, 생활비,

자녀교육비 등을 준비해두지 아니한 경우 그 아내에게 일상가사 대
리권이 있고, 남편 소유의 가옥을 적정 가격으로 매도하여 위 비용에
충당하고 나머지 돈으로 대신 들어가 살 집을 매수했다면 정당하다
고 인정한 판례가 있습니다.

판결 

　김주부 씨가 대출금을 병원비 및 생활비 등으로 지출했으므로 남
편 명의의 아파트를 담보로 한 대출계약은 일상가사 대리권에 의하
여 정당하게 이루어진 것으로 유효하다고 할 것입니다.

12

명의신탁된 부동산을
찾아올 수 있을까?

김서울 씨는 자신 소유의 토지를 친구 박경기 씨에게 명의신탁을 하면서 마치 매매를 한 것처럼 소유권이전등기를 해두었다. 최근에 다시 자신에게 그 소유권을 이전하는 등기를 하고 싶은데, 박경기 씨가 비협조적이다. 김서울 씨는 이전등기를 할 수 있을까?

법률 포인트_ 부동산실명법

금융실명법은 대부분 사람들이 알고 있지만, 부동산실명법(정식 명칭은 부동산 실권리자 명의 등기에 관한 법률)은 모르는 사람들이 많습니다.

부동산실명법은 부동산에 관한 등기를 할 때는 다른 사람 명의를 이용하지 말고 자신의 실명으로 등기를 해야 한다고 정해지면서 붙여진 이름인데요, 그동안 다른 사람의 이름으로 부동산에 관한 등기를 함으로써 탈세 등이 광범위하게 이루어져온 문제점이 있었습니다.

그러니까 부동산실명법은 부동산등기제도를 악용한 투기·탈세·탈법 행위 같은 반사회적 행위를 방지하고 부동산 거래를 정상화하고자 하는 취지에서 만들어졌다고 생각하면 됩니다.

부동산실명법을 만든 취지가 그러하므로 다른 사람의 명의를 빌려서 경료한 등기는 무효라고 보아야 할 것입니다. 그리고 부동산실명법에서 금지하는 행위에 해당하므로 형사처벌을 받을 수밖에 없을 것이고, 행정상의 과징금 부과도 피할 수 없을 것입니다. 명의신탁된 법률관계에 대해 좀 더 자세히 살펴보도록 할까요.

법률 풀이

‘명의신탁약정’ 이라 함은 부동산에 관한 소유권이나 기타 물권을 보유한 자 또는 사실상 취득하거나 취득하려고 하는 자(이하 ‘실권리자’)가 타인과 대내적으로는 실권리자가 부동산에 관한 물권을 보유하기로 하고 그에 관한 등기(가등기 포함)는 타인의 명의로 하기로 약정하는 것을 말합니다.

사례에서는 김서울 씨가 실권리자가 되고, 등기를 박경기 씨의 명의로 하는 약정에 기초하여 소유권이전등기가 된 것으로 보면, 김서울 씨와 박경기 씨 사이에 명의신탁약정이 있다고 볼 수 있습니다.

부동산의 등기에서 명의신탁이 전부 금지된 것은 아닙니다. 가령 배우자 간이라든지 종중(문중)과 종중원(문중원) 간에는 허용됩니다. 물론 이 경우에도 조세 포탈, 강제집행 면탈, 법령상 제한의 회피 등의 목적으로 한 명의신탁은 무효임은 두말할 나위가 없습니다.

이러한 경우에 해당하지 않는다면, 명의신탁약정은 전부 무효입니다. 그리고 명의신탁약정에 따라 행해진 등기에 의한 부동산의 물권변동도 무효로 봅니다.

김서울 씨와 박경기 씨의 명의신탁약정은 부동산실명법에서 허용하는 배우자 간 명의신탁도 아니고, 종중(문중)과 종중원(문중원) 간의 명의신탁도 아니므로, 무효라고 할 수 있습니다.

따라서 무효인 명의신탁약정에 기초하여 이루어진 박경기 씨 명의의 소유권이전등기도 효력이 없습니다. 부동산등기부등본상에는 그 소유자가 박경기 씨로 되어 있다고 하더라도 명의신탁에 의하여 등기가 이루어진 이상, 박경기 씨가 소유자가 아니라는 이야기가 됩니다.

이런 경우 박경기 씨에게 그 부동산을 사고자 하는 사람이 있다면 문제가 심각해집니다. 사람들은 부동산을 사고팔 때 부동산등기부등본으로 소유자를 확인하므로, 가령 최수원 씨가 그 부동산을 매수하려 할 때, 부동산등기부등본에 소유자로 명기된 박경기 씨를 진정한 소유자로 믿고 거래를 할 것입니다.

그런데 앞서 살펴본 바와 같이, 위 부동산의 진정한 소유자는 박경기 씨가 아닌 김서울 씨이므로 김서울 씨가 아닌 박경기 씨와의 계약에 의하여 최수원 씨가 소유권을 취득할 수는 없습니다.

현행 법제도하에서는 부동산등기부등본상에 소유자로 갑의 명의가 기재되었다고 하여 바로 갑을 진정한 소유자라고 인정하지 않습니다. 많은 사람들이 부동산등기부등본상의 소유자가 진정한 소유자라고 알고 있지만, 부동산등기부등본상의 소유자 명의도 얼마든지 위조가 가능하므로 부동산등기부등본상에 기재된 소유자를 진정한 소유자로 인정할 수 없는 것입니다.

그러므로 진정한 소유자인 김서울 씨가 수년이 흐른 이후에 최수원 씨를 상대로 그 소유권을 반환해달라는 소송을 제기할 수도 있는 일이지요.

만일 김서울 씨가 그 부동산의 진정한 소유자는 자신이니, 그 소유권을 넘겨달라고 하면 최수원 씨는 김서울 씨의 요구에 응해야 할까요?

부동산실명법에 따르면 최수원 씨가 김서울 씨의 요구에 응할 필요는 없습니다. 원래대로라면 최수원 씨는 김서울 씨의 요구에 응해서 그 소유권을 이전해주어야 마땅하겠지만, 명의신탁은 법에서 허용하지 않는 불법행위이므로 최수원 씨의 소유로 인정해버리는 것이지요.

그러면서 법은 김서울 씨에게 한마디를 더 쏴줍니다. '이래도 명의신탁을 할 것인가요?' 하고 말입니다.

결국 명의신탁에 따라 박경기 씨 앞으로 소유권이 이전된 상황에서 박경기 씨가 최수원 씨에게 매도를 한 경우에는 김서울 씨가 자신의 부동산을 찾을 수 없습니다.

판결

위 사례에서는 다행히 아직 박경기 씨가 부동산을 다른 사람에게 매도한 상황은 아닙니다. 이 단계에서는 김서울 씨와 박경기 씨 사이의 명의신탁약정과 명의수탁자명의등기가 무효로 되어 위 부동산의 소유권은 김서울 씨에게 귀속될 것입니다. 박경기 씨가 동의한다면 김서울 씨에게서 박경기 씨에게로 이전된 소유권이전등기의 말소등기 신청을 해야 할 것이고, 박경기 씨가 그러한 말소등기에 협력해주지 않는다면 박경기 씨를 상대로 소유권에 대한 방해배제청구권을 실시하여 박경기 씨 명의로 된 소유권이전등기를 말소해달라고 청구할 수 있을 것입니다.

13

직계손과 방계손을 차별한 종중총회의 결의는 유효할까?

홍길동 씨는 직계가 아닌 방계손이라는 이유로 종중 재산인 토지 매각대금 분배 시 직계손들이 받은 액수의 절반만 분배받았다. 이에 홍길동 씨는 위 분배액을 결정한 종중총회의 결의는 직계와 방계를 차별함으로써 현저히 그 형평에 반한다는 이유로 무효라고 주장하고 나섰다. 홍길동 씨의 주장이 법적으로 타당할까?

법률 포인트_ 종중 재산의 분배

종중의 토지 매각대금은 종중원 개개인의 재산이 아닌 종중원 전체의 재산에 속합니다. 따라서 그 매각대금을 분배하는 것은 총유물을 처분하는 행위에 해당하므로(총유는 개인 소유인 공유와는 달리 단체적 색채가 가장 강한 공동 소유 형태입니다. 다수의 사람들이 하나의 단체로서 결합되어 있을 때 목적물의 관리처분은 단체의 권한에 속합니다. 단체 구성원들은 일정한 범위 내에서 각자 사용수익의 권한만이 있을 뿐입니다. 대표적인 예로 종중과 종중원을 들 수 있습니다), 정관 기타 규약에 달리 정함이 없는 한 종중총회의 결의로 그 매각대금을 분배할 수 있을 뿐입니다.

전체의 재산에 속하므로 종중총회의 결의로 결정하는 것은 너무나 당연할 일이라고 할 것입니다. 그러므로 그 분배 비율, 방법, 내용 역시 결의에 따라 자율적으로 결정할 수 있는 것이지요.

최근 종중의 재산 분배에 관한 총회 결의가 불공정해 무효가 된 경우 차별받은 종중원은 총회의 새로운 결의가 없는 한 곧바로 분배금 지급을 청구할 수 없다는 대법원 판결이 나왔습니다(대판 2007다42310 판결).

이는 종중의 토지 매각대금 분배에 관한 총회 결의가 무효로 판단되더라도 법원은 합리적이라고 판단되는 분배를 직접 명해서는 안 된다는 취지인데, 앞서 본 바와 같이 종중 재산은 종중총회의 자율적인 결의에 따라 분배해야 한다는 점에 비추어 보면 당연한 판결 내용이라고 할 수 있겠습니다.

 법률 풀이

  종중은 공동 선조의 분묘수호와 제사 및 종원 상호 간의 친목 등을 목적으로 하여 구성되는 자연발생적인 종족집단으로 그 공동 선조와 성과 본을 같이하는 후손은 그 의사와 관계없이 성년이 되면 당연히 그 구성원(종원)이 됩니다.

  여자라고 하여 종원에서 배제해서는 안 됩니다. 여자도 그 공동 선조와 성과 본을 같이하는 후손에 해당하기 때문입니다.

  이러한 점에 비추어 종중 재산의 분배에 관한 종중총회의 결의 내용이 무효인지 여부는 그 결의 내용이 현저하게 불공정한 것은 아닌지, 선량한 풍속이나 기타 사회질서에 반하는지 또는 종원의 고유하고 기본적인 권리의 본질적인 내용을 침해하는지 여부에 따라 판단해야 합니다.

  그 판단을 내릴 때는 종중 재산의 조성 경위, 종중 재산의 유지·관리에 대한 기여도, 종중 행사 참여도를 포함한 종중에 대한 기여도, 종중 재산의 분배 경위, 전체 종원의 수와 구성, 분배 비율과 그 차등의 정도, 과거의 재산 분배 선례 등 제반 사정을 고려하여야 할 것입니다.

  가령 합리적 이유 없이 여자 종원에게는 남자 종원의 40% 수준으로 종중 재산을 분배한 종친회의 결의는 여자 종원 역시 남자 종원과 동일한 종원으로서 권리와 의무를 가진다는 점에서 볼 때, 여자 종원을 차별한 총회 결의에 해당하여 무효라고 볼 것입니다.

반면에 합리적 범위 안이라면 종중이 남녀 종중원에게 재산 분배금을 차등지급하는 것은 종중의 사적 자치에 해당하는 것으로 보아 무효라고 할 수만은 없습니다.

예컨대 여성 종중원 또는 비세대원에게 각 1500만 원씩 총 40억 원을, 세대주에게는 각 3800만 원씩 총 50억 원을 분배하기로 한 경우, 미성년 후손들이 100여 명에 이르고 이들 대부분이 세대주의 세대원으로 편입돼 있을 것을 고려하면 총회 결의가 단순히 적은 인원수의 독립세대주에게 그보다 많은 인원수의 비세대주 종원과 여자 종원에 비해 오히려 더 많은 금액을 분배했다고 해서 바로 현저하게 불공정하다고 단정할 수는 없다는 것이 대법원의 입장이기도 합니다 (대판 2007다74775 판결).

판결

따라서 위 사례에서도 제반 사정을 고려하지 않고 단지 방계손이라는 이유로 직계손과 달리 그 분배 비율을 1/2로 감축한 것은 합리적이라고 할 수 없습니다.

이는 방계손과 직계손을 합리적인 이유 없이 차별하는 것에 해당하므로 위 종중총회의 결의는 무효라고 할 것입니다. 그러므로 홍길동 씨는 다시 종중총회의 결의를 통하여 직계와 동등한 비율로 토지 매각대금을 분배받을 수 있다고 하겠습니다.

14

회사 동료에게
목돈을 빌려줬는데,
만약을 위해
어떤 서류가 필요할까?

절친한 직장 동료에게 목돈을 빌려준 통이커 씨. 금액이 크다 보니 그냥 빌려주기엔 조금 걱정도 된다. 직장 동료는 차용증을 써 주겠노라 하는데, 차용증은 어떻게 작성해야 할까?

법률 포인트 _ 차용증

가까운 사이일수록 돈거래를 하지 말라는 말이 있습니다. 제때 갚는다면야 문제가 없겠지만 차일피일 미루면 돈 달라는 말도 못하고 혼자 끙끙 앓게 되죠.

그렇다고 사정을 뻔히 알면서 모른 체하기도 어려운 게 현실입니다. 어차피 빌려줄 수밖에 없는 상황이라면 거래 관계를 분명히 하기 위해서라도 차용증과 영수증을 작성하여 서로 교환하는 것이 좋습니다. 아래에서는 차용증을 어떻게 작성하는지 간단히 살펴보도록 하겠습니다.

 법률 풀이

1. 차용증 작성 요령

차용증이란 차용증서의 준말로 금전이나 물건을 빌려 쓰는 증거로 작성하는 문서를 말합니다. 차용증에 기본적으로 기재할 사항에는 ① 원금, ② 변제 기일, ③ 이자, ④ 이자의 지급 시기, ⑤ 기한의 이익 상실, ⑥ 채무자 및 연대보증인에 관한 사항 등이 있습니다.

원금을 적는 난에는 먼저 그 금액을 한글로 적고 괄호 안에 숫자로 기재합니다. 또한 채무자가 제때 이자를 지급하지 않을 경우 잔금 전액을 일시불로 청구할 수 있다(기한의 이익 상실)는 내용을 기재하면 됩니다.

그리고 채권자와 채무자를 명확히 하기 위해서 각각 성명과 주소, 주민등록번호 등을 기재하고 서명, 날인해야 합니다. 차용증은 정해진 양식이 따로 있는 것은 아니니 91쪽의 예시를 참조하되, 앞서 언급한 내용들을 빠짐없이 명확하게 기재하기 바랍니다.

2. 법적 효력

차용증은 법적 다툼이 벌어졌을 때 중요한 증거자료가 됩니다. 이러한 증거력을 더 확실히 하기 위해서는 차용증을 받은 후 가까운 공증사무실에 가서 공증을 받아두는 것이 좋습니다.

공증을 받는다고 해서 법적 효과가 달라지는 것은 아니나 행여라도 채무자가 차용증이 위조된 것이라고 주장하는 일을 방지할 수 있고 또한 기재 내용의 사실 여부를 일일이 입증할 필요가 없어지기 때문입니다.

공증을 받으려면 당사자가 직접 공증을 받고자 하는 서류와 신분증과 도장을 가지고 공증사무실에 방문하면 되고 당사자가 방문하기 어려울 때는 법인이라면 법인인감도장과 위임장을, 개인이라면 당사자의 인감도장과 인감증명원, 방문자의 신분증과 도장을 지참하면 됩니다.

3. 차용증 없이 돈을 빌려주었거나 차용증을 분실한 경우

1) 차용증 없이 돈을 빌려준 경우

차용증을 받지 않았다면 채무자에게 돈을 빌려주었다는 사실을 증명할 수 있는 다른 증거를 확보해야 합니다. 가령 인터넷뱅킹 등을 이용해 상대방 통장으로 이체한 경우에는 거래내역서를 첨부하여 채무자를 상대로 대여금청구소송을 제기하면 됩니다.

그 전에 채무자에게 '○○년 ○○월 ○○일에 빌려준 금 ○○원을

○○년 ○○월 ○○일까지 변제하라'는 내용의 내용증명을 먼저 보내고, 채무자의 답신이 있다면 이 또한 첨부하여 소송 제기 시 함께 제출하는 것도 좋은 방법입니다.

2) 차용증을 분실한 경우

차용증을 분실했을 때는 돈을 빌려준 사실을 아는 증인을 확보하는 것이 좋습니다. 차용증이 채권자에게 유리한 증거가 되는 것은 사실이지만 그것만이 유일한 증거가 되는 것은 아니므로 증인만 확보할 수 있다면 소송에서 이길 확률이 그만큼 높아집니다. 물론 이 경우에도 내용증명을 활용할 수 있을 것입니다.

차 용 증 서

一金 : 일천오백만 원整

(15,000,000원)

상기 금액을 정히 차용하며 이자는 월 5부로 하고 매월 30일에 지급하며 원금은 2000년 OO월 OO일까지 귀하에게 변제키로 하고 이에 기명날인합니다. 만약 정해진 기일에 이자를 지급하지 못하면 나머지 잔금을 일시불로 청구하여도 이의를 제기하지 않겠습니다.

2000년 OO월 OO일

차 용 인

주민등록번호 : 123456-7654321

주소 : 서울시 마포구 차용동 123번지 차용빌딩 4층

이름(인) : 백차용 (인)

연대보증인

주민등록번호 : 654321-2345678

주소 : 경기도 고양시 보증동 789번지 보증빌라 102호

이름(인) : 나보증 (인)

OOO 귀하

15 전기료가 적게 나온다고 과장광고한 업체를 사기죄로 처벌할 수 있을까?

최건강 씨는 평소 7만 원 안팎의 전기료를 냈다. 그런데 이번 달 고지서를 확인하니 평소보다 무려 20만 원이나 더 청구된 것이 아닌가. 부랴부랴 알아보니 얼마 전에 인터넷으로 구매한 은매트 때문이란 것을 알게 됐다. 광고에선 8시간씩 돌려도 하루 1000원도 안 나온다 했는데, 과장광고가 분명해 보였다. 은매트 업체를 사기죄로 처벌할 수 있을까?

 법률 포인트_ 과장광고

| 표시·광고의 공정화에 관한 법률 |

있는 사실을 부풀려 광고하는 것을 과장광고라 하는데요, 비록 광

고 내용이 다소 과장되었다 하더라도 일반 거래 관행이나 상식에 비추어 봤을 때 이 정도까지는 허용해도 괜찮겠다 싶은 선까지는 인정해주는 것이 보통입니다.

그동안의 판례 또한 과장광고에 대해서는 약간 관대한 편입니다. 그러나 최근 들어 광고의 중요성이 커지면서 허위·과장광고를 엄격히 처벌할 필요성이 제기되었고, 그래서 제정된 법이 '표시·광고의 공정화에 관한 법률' 입니다.

이 법은 상품이나 용역에 관한 표시·광고에 있어 소비자를 속이거나 소비자로 하여금 잘못 알게 하는 부당한 표시·광고를 방지하고 소비자에게 바르고 유용한 정보의 제공을 촉진함을 목적으로 하고 있습니다.

소비자보호법이나 식품위생법 등에도 비슷한 규정이 있기는 하지만, 이는 소비자의 '안전' 을 보호할 목적인 반면, 표시·광고의 공정화에 관한 법률은 '소비자 거래' 의 보호를 목적으로 한다는 점에서 입법 목적에 차이가 있습니다.

이 법에 따르면 ① 허위·과장의 표시·광고 ② 기만적인 표시·광고 ③ 부당하게 비교하는 표시·광고 ④ 비방적인 표시·광고 등을 부당한 표시·광고 행위로 규정하고 이를 금지하면서 위반할 경우 형사처분까지도 할 수 있는 벌칙규정을 두고 있습니다.

 법률 풀이

1. 부당한 표시·광고 행위의 판단 기준

그렇다면 해당 광고가 부당한 표시·광고인지 아닌지 어떻게 판단할 수 있을까요? 그것은 그 광고가 소비자를 속이거나 소비자로 하여금 잘못 알게 할 우려가 있는지 여부와 공정한 거래질서를 저해할 우려가 있는지 여부에 따라 판단하게 됩니다.

그리고 그 행위의 유형으로서 위에서 언급한 4가지를 규정하고 있는데요, 이를 좀 더 살펴보면 우선 허위·과장의 표시·광고는 사실과 다르게 표시·광고하거나 사실을 지나치게 부풀려 표시·광고하는 것이고, 기만적인 표시·광고는 사실을 은폐하거나 축소하는 등의 방법으로 표시·광고하는 것을 말합니다.

또한 부당하게 비교하는 표시·광고는 비교 대상 및 기준을 명시하지 않거나 객관적인 근거 없이 자기 또는 자기의 상품이나 용역을 다른 사업자 또는 사업자단체나 그들의 상품 등과 비교하여 우량 또는 유리하다고 표시·광고하는 것입니다.

마지막으로 비방적인 표시·광고는 다른 사업자나 그 사업자의 상품 등에 관하여 객관적인 근거가 없는 내용으로 표시·광고하여 비방하거나 불리한 사실만을 표시·광고하여 비방하는 것을 말합니다.

2. 구제 방안

부당한 광고로 피해를 당한 경우에는 우선 공정거래위원회에 신고하여 도움을 받는 방법과 판매회사를 상대로 손해배상청구소송을 제기하는 방법이 있습니다.

공정거래위원회에 신고하여 부당한 광고라고 인정된 때는 해당 사업자에게 시정조치를 명할 수 있으며 경우에 따라서는 광고 행위 자체를 임시 중지시킬 수도 있습니다.

또한 처벌 수위도 무거운 편인데요. 위반한 사업주는 2년 이하의 징역 또는 1억 5000만 원 이하의 벌금에 처해지고 과징금도 부과될 수 있습니다.

한편 부당한 광고로 인한 손해배상은 무과실책임(고의나 과실이 없더라도 손해의 결과에 책임을 지는 일)으로 규정하고 있으므로 설령 사업자에게 고의나 과실이 없어도 책임을 피할 수 없습니다.

3. 사기죄 성립 여부

상대방을 '기망' 하여 재산상 이득을 취득한 경우에는 형법상 사기죄가 성립합니다. 여기서 기망은 재산상의 거래행위에서 서로 지켜야 할 신의와 성실의 의무를 저버리는 모든 적극적 및 소극적 행위로서 사람으로 하여금 착오를 일으키게 하는 것을 말하는데요, 사기죄의 본질은 기망에 의한 재물이나 재산상 이익의 취득에 있고, 상대방에게 현실적으로 재산상 손해가 발생해야만 성립하는 것은 아닙니다.

이러한 점에 비추어 보면 일반적으로 상품의 선전·광고에 있어 다소의 과장이나 허위가 수반되어 있다 하더라도 그것이 일반 상거래의 관행과 신의칙(신의성실의 원리, 권리의 행사와 의무의 이행은 신의에 좇아 성실히 하여야 한다는 원칙, 민법 2조 1항)에 비추어 시인될 수 있는한 소비자를 기망한 것이라고 볼 수는 없을 것입니다.

다만 거래에서 중요한 사항의 구체적 사실을 거래상의 신의성실의 의무에 비추어 비난받을 정도의 방법으로 허위로 고지한 경우에는 과장·허위광고의 한계를 넘는 행위로서 사기죄가 성립한다고 보아야 합니다.

판결

위 사안에서 은매트 회사는 자기 회사 제품을 사용하면 전기료 걱정을 하지 않아도 될 것처럼 광고했으나 이는 사실과 크게 달랐습니다. 또한 은매트는 전기를 이용하지 않고는 사용할 수 없는 제품이므로 전기료 문제는 은매트 구입 시 가장 중요한 고려 사항이라 할 것입니다. 그러므로 이는 법이 금지하고 있는 과장광고에 해당하고 형법상의 사기죄도 성립할 수 있을 것으로 보입니다.

16 유부남과 사실혼 관계를 맺은 사람도 유족연금을 받을 수 있을까?

최순정 씨는 아내가 있는 이바람 씨와 1979년부터 사실혼 관계로 지내며 자녀 둘을 낳고 살아왔다. 이바람 씨는 최순정 씨와 살면서도 전처와 이혼을 하지 않고 있었는데, 1996년 전처가 사망했다. 이후 1998년 이바람 씨와 최순정 씨는 정식으로 혼인신고를 마쳤는데, 당시 이바람 씨는 62세였고 군인연금을 받고 있었다. 10년이 지난 2008년경 이바람 씨가 사망하자, 최순정 씨는 국방부장관에게 유족연금을 청구했다. 국방부는 퇴직 후 61세 이후에 혼인한 배우자에게는 연금을 지급할 수 없다며 연금 지급을 거절했다. 과연 최순정 씨는 유족연금을 받을 수 없는 것일까?

법률 포인트_ 유족의 자격 요건

군인연금법 제3조 1항 4호에 따르면, 유족에는 군인 또는 군인이 었던 자가 사망할 당시 그가 부양하고 있던 배우자가 포함됩니다. 여기서 배우자에는 사실상 혼인관계에 있던 자가 포함되며, 퇴직 후 61세 이후에 혼인한 배우자는 제외됩니다.

군인연금법에서 위와 같이 '사실상 혼인관계에 있던 자'를 유족연금을 받을 수 있는 배우자에 포함하고 있는 취지는, 사실상 혼인생활을 하여 혼인의 실체는 갖추고 있으면서도 단지 혼인신고를 하지 않아 법률상 혼인으로 인정되지 않는 경우에 그 사실상 배우자를 보호하려는 데 있습니다.

법률 풀이

그렇다고 하여 사실혼 관계를 무조건 보호하려는 것은 아닙니다. 법률혼 관계가 완전히 해소되지 않은 상황에서 사실혼 관계에 있는 사람까지 보호할 수는 없는 일이기 때문입니다.

사안을 보면, 이바람 씨는 최순정 씨와 사실혼 관계에 있으면서도 전처와 이혼을 하지 않았습니다. 전처와 이혼을 하지 않은 상황에서 사실혼 관계에 있는 경우는 오히려 형법상 간통죄로 처벌받을 가능성이 매우 높다는 점을 생각해보면 법률혼이 해소되지 않는 사실혼 관계는 보호받지 못한다는 결론에 이르게 됩니다.

간통죄로 처벌받아야 할 관계를 법적으로 보호해줄 수는 없는 일이겠지요. 그러므로 이바람 씨의 전처가 사망한 후 이바람 씨와 최순정 씨가 정식으로 혼인신고를 마친 1998년부터 보호를 받을 수밖에 없다는 생각이 들 수 있습니다.

그런데 혼인신고를 마친 1998년 당시를 기준으로 보면 이바람 씨의 나이가 62세, 즉 최순정 씨는 62세에 혼인한 배우자에 해당하므로 군인연금법상 최순정 씨는 유족으로서 배우자에 해당하지 않는 문제점이 있습니다.

한 가지 생각해볼 수 있는 점은 이바람 씨와 최순정 씨가 1979년부터 사실혼 관계로 살아왔으므로 이바람 씨의 전처가 사망한 1996년(이바람 씨 나이 60세)부터는 사실상 배우자로 인정할 수 있지 않은가 하는 점입니다.

앞에서 살펴보았듯이 이바람 씨와 최순정 씨가 사실혼 관계를 맺어온 1979년부터 이바람 씨의 전처가 사망한 1996년까지는 이바람 씨와 이바람 씨의 전처가 이혼을 하지 않은 이상 사실혼 관계를 인정해줄 수는 없다고 했습니다.

그러면 이바람 씨의 전처가 사망한 1996년부터 사실혼 관계를 인정해야 한다는 의미인데, 사실혼 관계는 혼인의 실체가 있어야 하고 대외적으로도 부부로서 인정받아야 하는 것이므로 혼인의 실체와 부부로서 인정을 받기 위한 상당한 기간이 필요할 수밖에 없습니다.

그러한 점에서 1996년부터 바로 사실상 배우자로 인정할 수 있겠
는가 하는 점이 의문으로 남습니다.

판결 

대법원은 이바람 씨 전처의 사망으로 법률혼이 끝난 1996년 이전
의 이바람 씨와 최순정 씨의 사실혼은 적법한 사실혼으로서 보호받
을 수 없다는 점을 명확히 하고 있습니다.

다만 이바람 씨와 최순정 씨의 사실혼이 법적으로 보호받을 수는
없다고 하더라도 이미 사실혼의 실질을 갖춘 관계를 많은 기간 지속
해온 점에 비추어 이바람 씨의 전처가 사망함과 동시에 이바람 씨와
최순정 씨의 사실혼은 통상적으로 보호받을 수 있는 사실혼이 된 것
으로 보았습니다.

따라서 군인연금법상 61세 이전에 혼인한 사실상 배우자로 볼 수
있어 비록 이바람 씨가 62세가 된 시점에서 혼인신고를 했다고 하더
라도 군인연금법상의 배우자로서 보호받을 수 있습니다(대판 2010두
9631 판결).

17

연대보증인이
자동 연장된 보증채무를
변제해야 할까?

속좋아 씨는 친구가 대리점을 개점하는 데 연대보증이 필요하다 하여 연대보증을 해주었는데, 최근의 경기 침체로 친구의 대리점이 부도가 나고 말았다. 그리고 대리점사인 주식회사 더갑으로부터 친구의 채무를 변제하라는 채무변제독촉통지서가 왔다. 위 대리점계약서 약관에 따르면 대리점 계약 기간은 1년이지만 계약 기간 만료일에 별다른 통보가 없을 때는 1년간씩 자동 연장되며, 연대보증인의 책임도 이에 준하여 자동 연장된다고 규정되어 있었다. 그렇지만 지금까지 속좋아 씨는 수년 동안 한 번도 주식회사 더갑으로부터 통지를 받은 적이 없었다. 과연 속좋아 씨가 위 채무를 변제해야 할까?

법률 포인트 _ 연대보증

보증에는 여러 종류가 있지만 현실에서는 연대보증이 대부분입니다. '연대' 라고 하는 단어에는 주 채무자인 친구가 채무를 변제하지 못하면 보증인이 채무액을 다 갚아야 한다는 뜻이 담겨 있습니다.

또 채권자인 주식회사 더갑에서는 반드시 주 채무자인 친구에게 먼저 변제할 것을 독촉할 필요도 없습니다. 바로 속좋아 씨에게 채무 변제를 청구할 수 있습니다.

법률 풀이

연대보증을 설 때는 꼼꼼히 그 계약 내용을 따져보아야 합니다. 더군다나 위 사례와 같이 다수의 대리점과 대리점 계약을 체결하는 회사의 입장에서는 대리점 계약을 체결할 때마다 계약서를 작성하는 것이 번거로울 수 있습니다. 회사로서는 어차피 대리점주만 다를 뿐, 대리점 계약의 내용은 동일하기 때문에 인쇄된 계약서를 미리 작성해두고, 계약을 할 때마다 그 인쇄된 계약서로 작성하는 것이 편합니다. 이를 법에서는 '약관' 이라고 부릅니다.

이러한 점에서 보면 약관의 필요성을 부인할 수는 없습니다. 그런데 약관은 회사가 미리 작성해둔 계약서이므로, 회사에 유리한 대로 작성되어 있을 가능성이 매우 높습니다.

그럼에도 대부분 소비자들은 약관 내용을 꼼꼼히 살펴보지 않습니다. 일례로 은행에서 대출을 받을 때도 인쇄된 계약서, 즉 약관에 서명을 하는 절차를 반드시 거칩니다만, 깨알 같은 글씨의 약관 내용을 일일이 확인하는 소비자들은 거의 없습니다. 그래서 나중에 문제가 터지고 나서야 그런 내용은 전혀 알지도 못했다고 억울한 심정을 토로하곤 합니다.

그래서 약관의 규제에 관한 법률에서는 약관에 정해진 중요한 내용을 고객이 이해할 수 있도록 충분히 설명해주도록 하고 있습니다. 만일 중요한 내용인데도 고객에게 충분히 설명하지 않았다면 그 내용은 계약의 내용으로 삼을 수 없습니다. 그러므로 약관에 의하여 계약을 체결할 때는 반드시 약관 내용을 꼼꼼히 살펴보아야 합니다.

판결

주식회사 더갑이 속좋아 씨에게 대리점 계약 기간은 1년이고, 계약 기간 만료일에 별다른 통보가 없을 때는 1년간씩 자동 연장되며, 연대보증인도 마찬가지라는 사실을 충분히 설명해주지 않았습니다.

보증기간도 자동 연장된다는 사실은 속좋아 씨에게 중요한 사항에 해당하므로 설명을 하지 않았다면 자동 연장 조항은 보증계약의 내용으로 삼을 수 없다고 하겠습니다.

그러면 속좋아 씨의 보증계약은 처음 보증계약을 맺은 날로부터 1년이 경과한 시점에 끝난 것으로 볼 수 있을 것입니다.

만일 그 부분을 충분히 설명했다면 어떻게 될까요. 그러면 위 약관의 조항은 계약의 내용으로 포함된다고 하겠습니다만, 이번에는 계약 내용이 연대보증인인 속좋아 씨에게 부당하게 불이익을 줄 수 있는 것은 아닌지 살펴봐야 합니다. 속좋아 씨에게 부당하게 불이익을 주는 내용이라면 그 조항은 역시나 효력이 없다고 보게 됩니다.

위 조항은 대리점 계약 기간 1년이 끝날 때 친구와 회사 간에 대리점 계약 기간을 묵시적으로 연장하면 속좋아 씨의 연대보증기간도 자동적으로 연장된다는 내용입니다.

이렇게 되면 계약 기간이 만료될 시점에 속좋아 씨는 보증기간 자동 연장에 대한 이의를 제기할 기회도 없이 연대보증기간이 자동적으로 연장되고 맙니다.

이것은 연대보증인의 계약해지의 자유를 부당하게 침해하는 것이라고 볼 수 있습니다. 그래서 위 약관 조항은 효력이 없다고 하겠고, 1년의 계약 기간이 끝났으므로 속좋아 씨가 채무를 변제할 책임은 없다고 하겠습니다.

18

연대보증인의 동의도 없이
대출기간을 연장해놓고,
연대보증인에게 갚으라고?

최의리 씨는 평소 잘 알고 지내는 도와줘 씨의 부탁으로 은행대출금 2000만 원에 대하여 대출기간을 1년으로 하여 연대보증을 서주었다. 그런데 대출기간이 만료될 즈음에 최의리 씨의 동의도 없이 은행에서 대출기간을 1년 더 연장해주었고, 연장기간이 끝난 후에 은행에서는 최의리 씨에게 대출금을 갚으라고 독촉했다. 최의리 씨는 최초의 대출기간이 종료되는 시점에서는 도와줘 씨가 대출금을 충분히 갚을 수 있었는데, 자신의 동의도 없이 대출기간을 연장해준 이후에 도와줘 씨의 경제 사정이 악화된 것이므로 자신은 책임이 없다고 주장했다. 최의리 씨가 과연 대출금을 대신 갚아야 할까?

법률 포인트_ 보증인 동의 없는 대출기간 연장

보통 보증사고가 나면 부랴부랴 그 사연을 알아보게 되는데요, 위 사례와 같이 자신의 동의도 없이 대출기간을 연장해준 후 보증사고가 일어났다면, 보증인으로서는 당연히 자신의 동의 없는 대출기간의 연장은 부당하다고 따질 것입니다. 그리고 그것은 너무나 당연한 일이기도 하지요. 대출기간이 연장되면서 자신의 보증기간도 함께 연장되었으니까요.

더구나 대출기간이 연장되지 않았더라면 당시 도와줘 씨의 경제 사정으로 보아 충분히 갚을 수 있었던 점까지 생각하면 분통이 터지겠지요. 그런데 만일 은행에서 대출기간을 연장해주지 않았다면, 과연 최의리 씨는 대출금을 갚지 않아도 될까요?

법률 풀이

그렇지 않습니다. 최의리 씨가 단순보증인이 아닌 연대보증인인 이상, 은행에서 대출금을 갚으라고 독촉할 때 '도와줘 씨의 재산이 많은데 왜 저보고 갚으라고 하십니까?' 라고 말해봐야 아무런 소용이 없습니다. 연대보증인은 실제로 돈을 빌린 채무자와 동일한 책임을 져야 하기 때문입니다.

반면에 단순보증인은 채무자가 갚을 재산이 없을 때만 책임을 져도 됩니다. 현실에서는 단순보증은 거의 없다고 보아도 무방합니다. 돈을 빌려주는 입장에서는 단순보증인보다는 연대보증인을 선호하기 때문에 그렇습니다.

결국 최의리 씨가 연대보증인인 이상, 대출기간이 연장되었든 아니든 간에 또한 도와줘 씨가 대출금을 갚을 여력이 있든 없든 간에 상관없이 대출금을 갚아야 할 법적 의무가 있습니다.

은행의 변제 요구에 최의리 씨가 대출금을 갚았다면 최의리 씨는 도와줘 씨에게 자신이 갚은 금액을 반환받으면 되는 것이지요. 그런 면에서 보면 최의리 씨의 동의 없이 대출기간을 연장해주는 것이 반드시 최의리 씨에게 불이익하다고 볼 수는 없습니다. 어차피 대출기간이 만료될 때까지 도와줘 씨가 갚지 않는다면 자신이 갚아야 할 것이고, 대출기간이 연장되었다고 해서 갚아야 할 원금이 늘어난 것도 아니기 때문입니다.

계속적 거래에서 이루어지는 연대보증계약과 비교해보면 더 쉽게 이해할 수 있습니다. 가령 을의 1년 동안의 대리점 계약에 대하여 갑이 연대보증을 선 경우, 갑이 책임져야 할 연대보증의 내용은 을이 1년 동안 대리점을 운영하면서 생기는 대리점 관련 채무에 대한 것이 됩니다.

갑의 입장에서는 1년의 계약 기간이 만료되는 시점에 자신이 책임져야 할 금액의 범위가 확정되는 것이지요. 그런데 갑의 동의 없이 위 대리점 계약 기간이 1년 연장되었다면 결국 갑이 갚아야 할 채무계약이 처음의 1년이 아니라 2년 동안의 합계금이 될 것입니다.

이러한 사례에서는 갑이 매우 불리한 위치에 놓이게 되므로 계속적 거래에서는 갑의 동의 없이 이루어진 계약 기간 연장은 효력이 없다고 보는 것이지요.

판결

위 사례와 같이 계속적 거래가 아닌 확정채무에 대해 보증을 선 경우에는 대출기간이 연장되는 것이 최의리 씨에게 불이익하다고만은 볼 수 없으므로 최의리 씨의 동의 없이 이루어진 대출기간의 연장은 유효하다고 할 것입니다. 그러므로 최의리 씨는 대출금을 갚아야 할 의무가 있다고 하겠습니다.

19

어라,
주 채무자가 바뀌었네?

이호구 씨는 2년 전에 친한 선배의 보증 부탁을 들어주었다. 그래서 선배가 가져온 대출약정서의 연대보증인란에 서명·날인을 해주고 인감증명서를 건네주었다. 이호구 씨는 최근 은행으로부터 보증채무를 이행하라는 통지를 받았는데, 채무자란에는 선배의 이름이 아닌 이호구 씨가 전혀 모르는 누구냐 씨의 이름이 적혀 있었다. 이호구 씨가 전혀 모르는 누구냐 씨의 연대보증을 서게 된 셈인데, 그래도 이호구 씨가 보증채무를 갚아야 할까?

법률 포인트 _ 보증사고

보증사고가 발생하는 유형은 참 다양합니다. 위 사례처럼 분명 절친한 선배에 대한 보증을 했는데, 전혀 모르는 사람에 대하여 보증을 서게 되는 어처구니없는 일도 일어나곤 합니다.

이런 일은 대개 채무자란이 공백인 상태에서 미리 연대보증인으로 서명·날인을 해주는 경우에 일어납니다. 처음에는 선배를 주 채무자로 하여 대출을 받을 생각이었겠으나, 신용에 문제가 있어 대출이 안 될 때 신용에 문제가 없는 누구냐 씨의 이름으로 대출을 받는 경우가 그중 하나일 것입니다.

만일 처음부터 그럴 생각으로 이호구 씨에게 연대보증을 부탁했다면 선배는 형법상 사기죄로 처벌됨은 말할 필요가 없습니다.

대출금액이 공란으로 되어 있거나 근저당권을 설정하는 계약서에 근저당권의 금액을 기재하는 부분이 공란으로 되어 있는 경우에도 보증사고가 발생할 위험성이 매우 높습니다. 애초에 부탁한 대출금액보다 더 많은 금액을 공란에 기재하거나 근저당권의 금액을 더 높일 수 있기 때문입니다.

 **법률 풀이**

이호구 씨는 누구냐 씨가 받아간 대출금을 갚으라는 요구에 "나는 누구냐 씨에 대해서 연대보증을 한 사실이 없다"고 억울한 심정을 호소할 것입니다. 이럴 경우 은행 측에서는 뭐라고 할까요? 아마도 "대출을 하는 사람이 한두 사람이 아닙니다. 또 대출약정서에 이호구 씨

가 연대보증인으로 서명·날인 되어 있습니다. 게다가 이호구 씨 본인의 인감증명서도 첨부되어 있고요. 그렇다면 우리로서는 이것을 믿을 수밖에 없지 않겠습니까. 이호구 씨와 선배 사이에 오고 간 구체적인 내용까지 은행이 알 수는 없는 노릇이지요. 만일 이호구 씨가 선배에게 속았다고 생각하면 선배를 사기죄로 고소하면 될 일이지만, 그렇다고 보증채무를 안 갚을 수는 없습니다"라는 답변이 돌아올 겁니다.

은행 측의 말이 전혀 일리가 없는 것은 아닙니다. 그런데 이호구 씨가 실제로는 선배에 대한 연대보증을 섰는데도 은행 측이 그러한 사실을 전혀 몰랐다면 과연 은행 측은 전혀 잘못이 없는 것일까요.

이호구 씨가 자신이 누구냐 씨에 대하여 보증을 선 사실을 몰랐다는 것은 그렇다고 치더라도, 은행 쪽에서는 이호구 씨에게 연락하여 누구냐 씨가 받는 대출금에 대하여 연대보증한 사실을 확인해보아야 하지 않았을까 하는 생각이 들기 때문입니다.

요즈음은 인감증명서도 쉽게 위조할 수 있는 세상입니다. 인감도장은 말할 것도 없고, 위조된 화폐를 진짜 화폐와 구별하기도 쉽지 않습니다. 이호구 씨는 은행에 직접 가서 대출 담당자 앞에서 본인이 연대보증인으로 자서하고 서명한 사실도 없습니다. 더군다나 전화 한 통이면 누구냐 씨에 대하여 연대보증을 한 것인지를 확인할 수 있었습니다. 이런 노력에 비하여 이호구 씨가 받는 손해는 말로 표현할 수 없이 크다고 할 것입니다.

그러므로 이호구 씨가 은행에 직접 오지 않은 상황에서라면 인감증명서가 첨부되고 이호구 씨의 서명·날인이 되었다고 하더라도 은행 측에서 이호구 씨에게 누구냐 씨에 대하여 연대보증한 사실이 있는지를 확인할 주의의무가 있다고 보아야 할 것입니다.

판결

결국 은행은 누구냐 씨에 대하여 연대보증한 사실이 있는지를 이호구 씨에게 확인하지 않은 잘못이 있으므로, 누구냐 씨에 대한 연대보증을 근거로 이호구 씨에게 보증채무를 이행하라는 은행 측의 요구는 부당하다고 할 것입니다. 따라서 이호구 씨는 이 보증채무를 갚을 필요가 없다고 봐야 할 것입니다.

20

신원보증책임 기간은
언제까지일까?

보증왕 씨는 친구 아들이 직장에 들어갈 때 신원보증을 해주었다. 이후 친구 아들은 입사한 지 3년째 되는 해 어느 날 회사 공금을 유용하여 회사에 손해를 끼치고 말았다. 친구 아들의 회사에서는 신원보증을 해준 보증왕 씨에게 피해를 배상하라고 요구했다. 보증왕 씨는 어디까지 책임을 져야 할까?

법률 포인트 _ 신원보증책임의 범위와 기간

보증의 종류는 다양합니다. 가령 대출기간 1년짜리 대출금 1000만 원에 대하여 연대보증을 한 경우에는 그 보증책임이 대출금 1000만 원에 한정되지만, 계약 기간 1년의 대리점 계약에 대한 보증책임은 1년 동안의 대리점 물품대금액 전액이 되기도 합니다.

그중에서도 신원보증은 보증의 책임 범위가 매우 넓다고 할 수 있는데요, 신원보증은 그 사람에 대한 보증이기 때문에 그렇습니다.

누군가가 본인에게 "나 그 사람하고 계약할 게 있는데, 그 사람 어때"라는 질문을 받는 경우, 본인이 믿을 만하고 추천해도 괜찮을 때는 "그 사람 괜찮아. 믿을 만한 사람이야. 그 사람은 내가 보증할게. 믿고 해도 돼"라는 말을 하게 됩니다. 이 말은 '그 사람이 만일 손해를 끼치는 일이 발생하는 경우 내가 책임져줄 테니 내 말 믿고 그 사람하고 일해봐' 라는 뜻이기도 합니다. 그러니 그때 보증책임의 범위는 그 사람과의 계약으로 인한 모든 손해를 다 포함하는 것이 됩니다.

법률 풀이

보증왕 씨는 평소 친구 아들의 됨됨이를 잘 알고 있었기에 회사에 친구 아들에 대한 보증을 선 것으로 보입니다. 앞에서 예를 들었던 그런 심정으로 말이지요.

그런데 만일 친구 아들이 보증왕 씨가 생각한 것과는 달리 행실이 단정하지 못하고, 회사의 공금을 개인적인 용도로 써버리는 일이 발생할 경우 회사에서 보증왕 씨에게 손해배상을 청구하게 될 텐데요, 그런 일이 한두 번이 아니라면 보증왕 씨에게는 정말 끔찍한 일이 될 것입니다.

　더군다나 보증왕 씨가 보증하는 기간이 친구 아들이 그 회사에 재직하는 전 기간이 되는 것이므로 아마도 보증왕 씨는 향후 유족들에게 '신원보증은 절대 하면 안 된다'는 유언을 남기게 될지도 모르는 일입니다. 그만큼 신원보증은 잘못 서면 그 피해가 매우 크다고 할 수 있습니다. 그러니만큼 친구 아들을 믿고 신원보증을 해준 보증인을 법적으로 충분히 보호해줄 필요가 있습니다. 그래서 만들어진 법이 신원보증법입니다.

　신원보증법의 내용도 점점 보증인의 책임 범위를 합리적으로 정해주는 방향으로 바뀌고 있습니다. 예전의 신원보증법에 따르면, 보증왕 씨는 친구 아들이 '업무를 수행하는 과정'에서 일으킨 손해도 모두 물어주어야 했지만, 현재의 신원보증법은 친구 아들의 '책임 있는 사유'로 발생한 손해로 한정 짓고 있는 것이 그러합니다.

　신원보증 기간도 2년으로 제한함으로써 보증인의 책임 한도를 명확히 하고 있습니다. 그러므로 보증인이 기간을 정하지 않고 신원보증을 해주었다고 하더라도 신원보증 기간은 2년으로 봅니다. 설사 보증인이 그보다 장기간으로 정했다고 하더라도 역시 2년으로 봅니다.

　2년마다 갱신하게 하여 2년이 지난 시점에서 여전히 친구 아들을 보증할 것인지를 신중하게 생각하고 계속해서 친구 아들에 대한 신원보증을 해줄 것인지를 결정하게끔 법에서 도와주고 있는 셈입니다.

　신원보증을 해주는 사람들이 대부분 정이나 의리 때문에 차마 거

절하지 못하고 신원보증을 하는 것을 고려해 보증 기간을 적절하게
규율해주고 있는 것입니다.

위 사례에서 친구 아들이 비리행위를 저지른 것은 입사 후 3년째
되는 어느 날이므로 결국 신원보증을 해준 지 2년이 지난 이후에 일
어난 일입니다. 그리고 보증기간이 만료되기 전에 보증왕 씨가 신원
보증을 갱신한 적도 없습니다.

이 경우 임대차계약과 같은 법률관계에 준하여 서로 명시적인 갱
신 의사 없이 2년이 지난 후에는 묵시적으로 계약이 갱신된 것과 같
이 취급할 수 있을지가 문제됩니다.

이를 인정하면 2년마다 신원보증이 자동적으로 갱신되므로 보증
왕 씨는 친구 아들이 회사에 끼친 손해를 배상해야 한다는 결론에 이
르게 될 것입니다.

하지만 묵시적으로 갱신되는 것으로 보는 것은 처음부터 장기간
으로 정하는 것과 별반 다르지 않고, 결국 2년을 초과한 장기 신원보
증을 허용하지 않는 법의 취지에도 맞지 않다고 할 것입니다.

위와 같은 점에 비추어 보면 신원보증 기간인 2년이 지난 친구 아
들의 불법행위로 인한 손해까지 보증왕 씨가 책임을 질 필요는 없습
니다.

21

내가 먼저
채권양도를 받았는데……

갑이 을에게 500만 원을 빌려주었는데, 이후 을은 자신이 병에게 500만 원을 받을 것이 있다면서 그 채권을 양도해줄 테니 병에게 그 돈을 받으라고 했다. 갑은 이를 승낙하면서 을에게서 병의 명의로 된 차용증을 받았다. 그리고 병에게 을로부터 채권을 양도 받았으니 자신에게 채무를 지급할 것을 통지했으나, 병은 을이 정에게 그 채권을 양도했음을 알리는 내용증명우편을 받았다면서 갑에게 지급할 수 없다고 한다. 차용증도 가지고 있으며 정보다 먼저 채권양도를 받은 갑은 병에게 500만 원을 받을 수 있을까?

현금이 넉넉한 사람이라고 해도 언제나 현금 흐름이 좋을 수는 없습니다. 생각지도 않은 일에 갑자기 많은 돈이 들 수도 있고, 느닷없이 큰 사고를 당해 병원비가 만만치 않게 나올 수도 있습니다. 을에게도 그런 사정이 있었던 모양입니다.

갑이 을에게 500만 원을 빌려줄 때만 해도 을은 충분히 그만한 돈을 갚을 능력이 있었는데도, 갚을 즈음엔 현금 사정이 여의치 않았던 걸 보면 말이지요. 이런 경우에 만일 을이 다른 사람인 병에게 받을 돈이 있다면 그 돈을 갑이 받을 수 있도록 조치를 취해주어도 괜찮을 겁니다.

반드시 을이 병에게 돈을 받은 다음, 다시 그 돈을 갑에게 갚는 수순을 거치도록 한다면 오히려 번거롭기만 할 수도 있기 때문입니다.

법률 풀이

그런데 갑이 병에게 500만 원을 받겠다고 한 것만으로는 을의 채무가 없어지지 않습니다. 갑이 병에게 500만 원을 변제받을 때 비로소 을의 채무도 없어지는 것으로 봅니다. 채권양도만 있으면 바로 원래의 채권이 없어진다고 하면 누구도 채권양도를 받지 않을 것이기 때문입니다.

채권이 양도된 경우, 병이 이러한 사실을 알아야 갑에게 500만 원을 갚을 수 있습니다. 갑이 갑자기 찾아와서 을에게 갚을 돈을 자기에게 갚으면 된다고 할 때, 병은 어떤 생각을 하게 될까요. 갑은 아무래도 정신이 이상한 사람 취급을 받거나 조폭으로 오인받아 경찰서에 신고당할 수도 있을 것입니다.

그러므로 채권을 양도한 경우에는 을이 그러한 사실을 병에게 알려주어야 합니다. 원래 병에게 돈을 받을 사람은 을이므로, 을은 '그 돈을 받을 권리를 ○○년 ○○월 ○○일자로 갑에게 양도했으니 그렇게 해주시기 바랍니다' 라는 내용으로 병에게 알려주어야 하는 것입니다.

이러한 절차는 갑에게도 매우 중요합니다. 병이 이 통지를 받은 이후에는 갑이 왜 자신에게 500만 원을 갚을 것을 요구하는지 충분히 알 수 있기 때문입니다. 그렇게 해서 병이 갑에게 500만 원을 지급하면 을도 갑에게 500만 원을 갚을 필요는 없는 것이므로 그즈음에 모든 채권채무관계가 정리되는 것입니다.

이렇게 처리되는 것이 순리이긴 하나, 현실에서는 반드시 그런 것만도 아닙니다. 만일 을이 갑에게 채권양도를 해주기 전에 다른 채권자인 정에게 먼저 채권양도를 해주었을 수도 있기 때문이지요.

그러면 갑은 병에게 500만 원을 받을 수 없을 것이고, 병에게 "예, 그렇군요. 그런데 전 정에게 갚으라는 을의 연락을 받고 정에게 갚았는데, 어쩌죠?"라는 말을 들을 수도 있을 겁니다. 그러면 괜히 헛고

생했다는 낭패감과 함께 을이 자신을 속였다는 분한 마음이 들겠지요.

을의 채권자가 여러 명일 때는 이런 일이 얼마든지 발생할 수 있습니다. 그러므로 을의 채권자가 갑 외에도 정이 있는 경우에는 누가 채권양도를 먼저 받았는지가 매우 중요합니다. 병의 입장에서는 채권양도를 통지받은 일자가 중요할 것이고요.

그래서 채권양도 통지는 무언가 객관적인 절차에 따라 이루어져야만 합니다. 그렇지 않으면, 가령 실제로는 을이 병에게 500만 원을 정에게 갚으라는 연락을 먼저 한 다음 그 후 갑에게 갚으라는 통지를 했다 해도 갑이 병의 그 말을 곧이곧대로 들을 리가 만무합니다. 을이 정에게 갚으라는 내용을 먼저 통지했다는 증거를 대보라고 언성을 높일 것이 뻔합니다.

판결

그래서 법에서는 채권양도 통지는 확정일자 있는 증서로 하게끔 합니다. 대표적인 것이 바로 내용증명우편입니다. 병으로서는 내용증명우편으로 하는 채권양도 통지를 받은 순서에 따라 갚으면 될 일입니다. 갑에게는 그 증거로 내용증명우편을 보여주면 되는 것이지요. 위 사례에서 병은 을로부터 정에게 채권을 양도했다는 내용증명우편을 받았을 뿐이므로 갑에게 500만 원을 갚을 이유는 없습니다. 그러므로 갑은 다시 을에게 500만 원을 받아야 합니다.

22

임차보증금을 양도해놓고
계약 기간을 갱신해놓다니……

김내돈 씨는 나통수 씨에게 3000만 원을 빌려주었으나 받지 못하고 있던 중 나통수 씨가 현재 살고 있는 집의 임대차보증금 3000만 원을 양도하는 것으로 합의를 했다. 그에 따라 나통수 씨는 집주인에게 그 사실을 내용증명우편으로 통지했다. 그런데 그 후 나통수 씨와 집주인은 계약 기간 2년이 만료된 후 임대차 기간을 연장하여 계약을 갱신했다. 김내돈 씨가 위 양수금을 지급받으려면 갱신된 계약 기간이 만료될 때까지 기다려야 할까?

법률 포인트_ 임차보증금 양도

서민들은 갑자기 큰돈이 들어갈 일이 생겨도 돈을 구하기가 쉽지 않습니다. 워낙 없다 보니 급전을 구하려 해도 담보가 마땅치 않은 것이 현실입니다. 그래서 유일한 재산인 임차보증금을 담보로 돈을 빌리는 사례를 흔히 찾아볼 수 있습니다.

처음부터 이렇게 임차보증금을 담보로 차용할 수도 있지만, 위 사례처럼 갚아야 할 기일에 갚을 길이 막막해 임차보증금을 양도하는 것으로 합의를 보는 일도 종종 있습니다.

임차보증금을 양도하고 그에 따라 집주인에게 내용증명까지 보냈다면 김내돈 씨는 임차 기간이 끝났을 때 그 보증금을 집주인에게 직접 반환받으면 될 일입니다. 임차보증금을 양도했다고 해서 바로 집을 비워줘야 하는 것으로 볼 수는 없습니다. 임차보증금은 임차 기간이 끝날 때 돌려받는 것이므로, 임차보증금을 양도했다고 해서 돌려받는 시점이 달라지지는 않는 것이지요.

만일 임차보증금을 양도받은 시점을 기준으로 남은 임차 기간이 6개월이라면 김내돈 씨는 6개월 후에 집주인으로부터 임차보증금 3000만 원을 지급받으면 되는 것입니다.

그런데 일부 못된 임차인들은 6개월이 다 되어갈 즈음에 채권자(사례에서 김내돈 씨) 몰래 집주인에게 부탁하여 임차 기간을 2년 갱신해버리고는 채권자에게는 집주인이 갱신된 계약 기간이 끝나야 임차보증금을 돌려주겠다고 한다면서 "법에서도 그렇다고 하대요"라고 거짓말을 하기도 합니다.

법률 풀이

앞서 언급한 바와 같이, 임차보증금을 양도하고 그에 따라 집주인에게 내용증명우편을 통하여 채권양도 통지를 마쳤다면 그 내용증명우편에는 남은 임차 기간이 끝난 후에는 임대차 계약을 갱신해서는 안 된다는 경고문구가 포함된 것으로 볼 수 있습니다.

사례에서 만일 채권양도 통지가 다 된 이후에도 임차 기간 갱신을 허용한다면 김내돈 씨는 언제 3000만 원을 받게 될지 그 기일조차 알 수 없게 되고 맙니다. 그러면 아마 먼 훗날 김내돈 씨의 상속인들이 집주인의 상속인들에게 임차보증금을 반환해달라는 소송을 제기하는 일이 생길지도 모르겠습니다.

그래서 채권양도 통지가 집주인에게 도달된 시점부터는 임차 기간을 연장하거나 갱신하는 것은 허용되지 않습니다. 이와 달리 나통수 씨가 김내돈 씨에게 임차보증금을 양도하고는 집주인에게 내용증명우편을 통한 채권양도 통지 절차를 밟지 않았다면 계약 갱신이 가능할 수 있습니다.

집주인 입장에서는 나통수 씨와 김내돈 씨 사이에 임차보증금이 양도된 사실을 전혀 알 수 없는 노릇이므로, 임차 기간을 2년 갱신해주는 일을 뭐라고 탓할 바가 못 되기 때문이지요.

그러므로 김내돈 씨는 2년이 만료된 시점에서 집주인에게 임차보증금을 반환받을 수 있다고 하겠습니다. 그런데 문제는 정작 이제부터입니다. 집주인이 김내돈 씨에게 이렇게 말을 건넵니다. "임차보증금을 줄 수야 있지요. 그런데 나통수 씨가 집을 나가야 될 텐데 나가지 않고 우리만 임차보증금을 돌려주면 결국 나통수 씨가 계속 눌러앉을테니, 당신이 나통수 씨를 나가게 하세요. 그때 바로 임차보증금을 돌려줄게요. 원래 임차보증금은 집을 비울 때 돌려주는 것이거든요."

들고 보면 일리가 없는 것도 아닙니다. 결국 집주인이 나통수 씨를 '나가라 마라' 할 입장이 아니라면 김내돈 씨가 나통수 씨에게 집을 비우라고 할밖에 달리 방법이 없습니다. 이런 경우에는 집주인을 대신하여 김내돈 씨가 나통수 씨에게 집을 비우라고 요구할 수 있고, 나통수 씨가 이에 응하지 않는다면 김내돈 씨가 집주인을 대신하여 나통수 씨에게 명도소송을 제기할 수도 있습니다.

김내돈 씨로서는 집주인이 나통수 씨에게 나가라고 할 입장이 아니므로 집주인 대신에 나통수 씨에게 요구할 수 있는 것이고요. 나통수 씨로서는 김내돈 씨에게 임차보증금을 양도했다면 임차 기간이 끝난 시점에 집주인으로부터 김내돈 씨가 임차보증금을 받을 수 있도록 집에서 나가주어야 하는 것이 맞기 때문이지요.

23 양도를 하지 않기로 약속된 채권이라는 사실을 몰랐을 때

나황당 씨는 김깜빡 씨에게 2000만 원을 빌려주었고, 이후에 김깜빡 씨는 나황당 씨에게 건물주로부터 받을 임차보증금 2000만 원을 양도해준 후, 건물주에게 그 사실을 내용증명우편으로 통지했다. 그런데 나중에 나황당 씨는 김깜빡 씨가 상가 건물을 임차할 당시 건물주와 보증금을 양도할 수 없다는 양도 금지 특약을 맺었다는 사실을 알게 되었다. 이러한 경우 나황당 씨는 향후 임차 기간이 끝나고 김깜빡 씨가 건물을 비워준 후에도 건물주에게 양수금을 청구할 수 없는 것일까?

임차보증금 양도 금지 특약의 효력

자영업을 하는 경우에는 얽히고설킨 채권채무관계가 존재하게 마련입니다. 거래를 할 때마다 현금이 오고 가야 한다면 매우 번거로울 수밖에 없습니다. 그러므로 보통 일정 기간을 정한 후, 그 기간 동안 오고 간 거래 내역을 보고 정산을 하는 식으로 거래를 하는 경우가 많습니다. 이때 임차보증금으로도 정산을 할 수 있는 것은 너무나 당연한 일입니다.

김깜빡 씨는 경기 침체로 자신이 받아야 할 판매대금을 회수하기가 수월치 않습니다. 더구나 자신이 갚아야 할 금액의 만기일이 바로 코앞까지 다가와 매우 불안한 심정에 놓여 있습니다. 이번에는 나황당 씨도 그냥 넘어갈 태세는 아닙니다. 그래서 김깜빡 씨는 나황당 씨에게 임차보증금을 양도하기로 했습니다.

법률 풀이

여기까지는 좋은데, 임차보증금을 손에 쥔 건물주가 문제입니다. 위 건물주는 자신의 건물에 임차한 영업주들의 채권채무관계에 자신이 끼는 것을 극도로 싫어하는 스타일입니다.

어차피 김깜빡 씨가 받나, 나황당 씨가 받나 큰 문제는 아닐 것으로 보이기도 하는데, 과거의 골치 아픈 경험 때문에 송사에 휘말릴까 봐 못내 마음에 걸리는 모양입니다. 그래서 건물주는 자신의 건물을 김깜빡 씨에게 임차해줄 당시에 임차보증금을 다른 사람에게 양도해서는 안 된다고 못을 박았습니다.

건물주와 임차인이 임차보증금 양도 금지 특약을 맺는 것은 흔한 일이 아닙니다. 그렇기에 김깜빡 씨 역시 망설이긴 했지만 그때까지만 해도 그게 무슨 큰 문제가 될 것 같지는 않았으므로 계약 당시 건물주에게 채권양도를 하지 않을 것을 약속했습니다.

약속은 했지만 막상 임차보증금을 양도하는 것 외에는 나황당 씨에게 갚아야 할 돈을 구할 방법이 없다면, 또는 피치 못할 사정으로 일단 임차보증금을 양도해줄 수밖에 없다면 김깜빡 씨로서는 일단 모른 척하고 임차보증금을 양도해줄 수밖에 없는 노릇입니다.

그래서 김깜빡 씨는 건물주에게 내용증명우편으로 그 사실을 통지해주었습니다. 이를 받아 본 건물주는 무슨 생각을 했을까요. 아마도 ‘내 이럴 줄 알았다. 그래도 어림없어. 내가 임차보증금을 나황당 씨에게 주긴 왜 줘’라고 생각하면서 내용증명우편을 무시해버리고 말지도 모릅니다.

그렇다면 시간이 흘러 나황당 씨가 건물주에게 임차보증금 반환을 요구할 즈음에 건물주는 나황당 씨에게 임차보증금은 처음부터 양도를 금지하기로 했다는 사실을 털어놓으며 금지하기로 해놓고서 김깜빡 씨가 그 약속을 어겼으므로 나황당 씨에게 반환을 할 수 없다고 거절할 것이 분명합니다.

이때 나황당 씨는 자기는 건물주와 김깜빡 씨 사이에 그러한 약속이 있었는지 전혀 몰랐다고 억울해할 것입니다. 또 그 말이 틀리다고 할 수도 없습니다. 건물주와 김깜빡 씨가 임차보증금은 양도가 금지되어 있다는 사실을 나황당 씨에게 알려주지 않는 한, 알 수 없는 것은 너무나 당연하니까요.

그래서 법에서는 건물주와 임차인 양 당사자 간의 약속으로 임차보증금 양도를 금지했더라도 제3자가 임차보증금을 양도받을 당시에 그러한 사실을 알지 못한 경우에는 건물주가 임차보증금 지급을 거절하지 못한다고 규정하고 있습니다.

반대로 제3자가 그러한 사실을 알았다거나 알지는 못했지만 조금만 주의를 기울였더라면 양도 금지 사실을 충분히 알 수 있었다고 판단되는 경우에는 제3자에게 임차보증금 지급을 거절해도 되는 것으로 정하고 있습니다.

판결

나황당 씨가 김깜빡 씨에게 임차보증금을 양도받을 당시에는 양도 금지 사실을 몰랐습니다. 그리고 보통 건물주와 임차인이 임차보증금 양도 금지 특약을 맺는 것은 흔한 일도 아니므로 임차보증금을 김깜빡 씨에게 양도받을 당시 나황당 씨가 건물주나 김깜빡 씨에게

임차보증금 양도가 금지된 것인지를 반드시 확인해야 할 의무가 있
다고도 볼 수 없습니다.

　그러므로 나황당 씨는 건물주에게 임차보증금을 청구할 수 있고,
건물주는 나황당 씨의 정당한 청구에 응해야 합니다.

24

어음에 적혀 있는 만기일은 무얼까?

법률 포인트_ 어음

어음은 그 편리성만큼이나 폐해 또한 상당합니다. 위·변조된 어음 때문에 피해를 보는 사람도 많고 아무런 자력(資力)이 없는 사람을 발행인 또는 배서인으로 하여 어음을 양도함으로써 선의의 피해자가 발생하기도 합니다. 이러한 피해를 당하지 않으려면 어음을 주고받을 때 어떠한 점을 주의해야 하는지 약속어음을 중심으로 살펴보도록 하겠습니다.

 법률 풀이

1. 어음 취득 시 유의사항

어음법은 어음 거래의 안전을 꾀하기 위해 어음에 일정한 사항을 반드시 기재하도록 하고 있습니다. 그리고 만약 이러한 기재가 없으면 원칙상 그 어음은 무효가 됩니다. 따라서 어음 수취인은 이러한 사항들이 제대로 기재되어 있는지를 반드시 확인해야 합니다.

필요적 기재 사항으로는 약속어음 문구, 무조건의 지급 약속, 만기, 지급지, 수령인, 발행일과 발행지, 발행인 등이 있습니다.

둘째, 배서의 연속성과 해당 은행에 어음에 대한 사고계가 접수되어 있는지 확인해야 합니다. 배서가 연속되어 있다는 것은 어음의 수취인부터 최후의 피배서인(어음을 받을 자)에 이르기까지 배서가 어음상의 기재에 의하여 끊임없이 계속된 것을 말합니다.

배서가 연속된 어음을 소지한 자는 적법한 소지인으로 추정되므로 그로부터 어음을 취득하는 사람 또한 악의나 중대한 과실이 없는 한 설령 그 소지인이 무권리자라 하더라도 어음상의 권리를 취득할 수 있습니다.

그러나 거래 상대방의 신용 상태가 의심된다면 이를 보증할 만한 자력이 있는 사람의 배서를 요구하는 것이 좋습니다. 또한 법인이 기명날인한 증권인 경우에는 상법상 자기거래에 해당하지 않는지를 조사해보아야 합니다.

셋째, 기재된 사항을 고친 흔적이 있는 경우에는 정당한 권한이 있는 자가 그러한 것인지를 확인해야 합니다.

마지막으로 만약을 대비해 공증인이나 법무법인 또는 공증인가합동 법률사무소에 가서 미리 공증을 받아두는 것이 좋습니다. 그러면 만에 하나 문제가 생겨도 굳이 소송을 하여 판결을 받지 않더라도 공증한 어음에 집행문을 부여받아 곧바로 강제집행을 할 수 있으므로 편리합니다.

2. 어음 양도 시 유의사항

어음은 배서를 통해 다른 사람에게 양도할 수도 있습니다. 여기서 배서란 어음을 가지고 있는 사람이 만기일 전에 어음 뒷면에 어음의 권리를 특정인에게 양도한다는 취지를 쓰고, 자기 이름을 쓰고 도장을 찍거나 서명하여 그 특정인에게 주는 것을 말합니다.

어음을 받을 자는 배서인이 지정할 수도 있고, 지정하지 않고 백지 상태로 그냥 양도할 수도 있습니다. 어음을 타인에게 배서양도하면 어음상의 채권이 소멸되며, 부도 발생 시 배서인은 어음 소지인과 피배서인에게 어음금액을 상환할 의무를 지게 됩니다.

배서인의 주소는 반드시 기재할 필요는 없지만 만약 그 어음이 부도가 났을 때 은행으로부터 부도통지를 받을 수 없게 되므로 되도록 기재하는 것이 좋습니다. 배서할 공간이 부족한 경우에는 간지를 붙여 배서할 수 있고, 이때는 그 이음매에 간인을 해야 합니다.

배서를 할 때는 어떠한 조건도 붙일 수 없으며, 만약 붙이더라도 무효가 되는 것이 아니라 조건을 기재하지 않은 것으로 됩니다. 반면 어음금의 일부에 대해서 한 배서는 무효가 됩니다. 법인 명의로 배서를 하는 경우에는 법인명을 기재하고 날인한 후 대표자의 기명날인도 빠뜨리지 말고 해야 합니다.

3. 어음 사고 시의 조치

1) 위·변조된 경우

어음의 위조는 권한 없는 자가 다른 사람의 이름과 도장 또는 서명을 위조하여 마치 그 사람이 어음을 발행한 것처럼 하는 것으로서, 명의를 도용당한 사람은 어음이 위조되었음을 내세워 이 청구를 배척할 수 있습니다.

그리고 어음의 변조는 권한 없는 자가 기명날인 또는 서명 이외의 어음의 기재사항을 변경·삭제하거나 새로운 내용을 추가하는 것을 말합니다. 이때는 변조 전에 기명날인 또는 서명한 사람은 원래의 내용대로 책임을 지고, 변조 후에 배서한 사람은 변조 후의 내용에 따른 책임을 지게 됩니다.

그러나 백지어음은 소지인이 보충권을 남용하여 미리 합의한 바와 다른 내용을 보충한다 해도 변조가 되는 것은 아닙니다. 어음을 변조할 때는 주로 금액을 변조하는데 필기체의 농도, 간격, 글자 모양 등을 눈여겨보아야 하며 인장의 선명도 등도 꼼꼼히 살펴보아야 합니다.

2) 분실하거나 도난당한 경우

어음을 분실하거나 도난당한 경우에는 먼저 경찰서에 분실·도난 신고를 하고 발행인 및 은행에 그 사실을 알림과 동시에 지급위탁을 취소하여 지급정지를 시켜야 합니다.

그리고 나서 새로운 취득자와 합의를 보거나 법원에서 공시최고 절차에 따른 어음·수표의 제권판결(除權判決)을 받아야 합니다. 제권 판결이란 어음이나 수표와 같은 유가증권을 분실했을 경우 증서가 없어도 권리를 행사할 수 있도록 증서의 효력을 정지시키는 판결을 말합니다.

제권판결이 있으면 분실·도난된 어음은 무효가 되며 제권판결 신청인은 어음이 없어도 위 판결문으로 권리를 행사하여 돈을 지급받을 수 있습니다. 어음이 훼손되거나 불에 타는 등 멸실된 경우에도 제권판결을 받아 권리를 행사할 수 있습니다.

3) 부도난 경우

어음의 부도란 어음의 지급기일에 어음금이 지급되지 않는 것을 말합니다. 어음 소지인이 어음금을 회수하려면 발행인이나 배서인 등 부도어음의 채무자와 그 지급을 교섭하고 최종적으로는 민사소송을 해야 합니다.

어음 소지인은 주 채무자인 약속어음의 발행인과 환어음의 인수인은 물론 배서인이나 보증인을 상대로 순서에 관계없이 그중 누구에게도 청구할 수 있고, 또 모두에게 동시에 전액을 청구할 수도 있습니다.

　어음은 일반채권에 비하여 청구 시효기간이 짧으므로 주의하여야 합니다. 발행인에게는 지급기일로부터 3년 이내에, 배서인에게는 지급기일로부터 6개월 이내에 청구하지 않으면 시효가 완성되어 어음 채권을 상실하게 됩니다.

25

차용증을 대신해 발행된 어음·수표에 배서한 경우 보증책임까지 져야 할까?

오절친 씨는 친구의 부탁으로 차용증서 대신 발행된 어음에 배서했다. 이 경우 오절친 씨는 어음금 외에 민사상 보증책임까지 져야 할까?

법률 포인트_ 어음배서

1. 어음의 발행

어음이란 미래의 일정한 기일에 일정액의 금전을 지급하겠다는 것을 약속한 유가증권을 말합니다. 개인적인 용도보다는 주로 물품 대금의 지급과 같이 상거래와 관련해서 많이 사용됩니다.

어음을 활용하면 발행인은 대금 회수기까지 자신의 신용을 이용해

자금을 융통할 수 있고, 수취인은 필요한 경우 어음할인을 통해 현금화하거나 배서를 통해 다른 사람에게 양도할 수도 있는 등 매우 편리한 기능을 가지고 있습니다.

그러나 부도 등으로 발행인이 지급불능 상태에 처하고 배서인 또한 채무를 변제할 능력이 없는 경우에는 어음은 휴지 조각과 다를 바 없게 됩니다.

즉 어음 거래에서는 발행인의 자력 유무가 그 무엇보다 중요한 것입니다. 따라서 실제로도 이러한 발행인의 자력을 담보할 목적으로 어음 뒷면에 배서를 하는 일이 종종 있습니다.

그렇다면 위 사례처럼 특별히 문제될 것이 없으니 걱정하지 말라는 친구의 말에 차마 거절하지 못하고 배서를 해준 경우 배서인은 어디까지 책임을 져야 할까요?

 법률 풀이

1. 원인관계와 어음관계

배서인의 책임 범위를 논하기 위해서는 먼저 원인관계와 어음관계를 이해할 필요가 있습니다. 일반적으로 어음을 발행할 때는 그 어음을 발행하는 원인이 있게 마련입니다.

예를 들어 공사대금 조로 어음을 발행하기도 하고 돈을 빌린 뒤 이를 담보할 목적으로 발행하기도 합니다. 이처럼 어음을 발행하게 된 원인을 원인관계라고 합니다. 또한 어음에 적힌 발행인, 인수인, 수령인, 지급인 사이의 채권·채무관계를 어음관계라 합니다.

그리고 어음을 소지한 사람은 그 원인관계에 상관없이 발행인이나 배서인에게 어음을 제시하여 어음금 지급을 청구할 수 있습니다. 즉 원인관계와 어음관계는 별개인 것입니다.

2. 어음의 배서와 보증책임

어음법에서는 어음 발행인과 배서인은 어음의 인수와 지급을 담보한다고 규정하고 있습니다. 따라서 만약 어음이 부도가 나더라도 어음 소지인은 배서인에게도 어음금 지급을 청구할 수 있습니다.

문제는 약속어음에 보증의 취지로 배서한 배서인이 원인채무에 대한 보증책임까지도 부담하느냐인데요, 이에 대해 우리 판례는 "다른 사람이 발행 또는 배서·양도하는 약속어음에 배서인이 된 사람은 그 배서로 인한 어음상의 채무만을 부담하는 것이 원칙이고, 특별히 채권자에 대하여 자기가 그 발행 또는 배서양도의 원인이 된 채무까지 보증하겠다는 뜻으로 배서한 경우에 한하여 그 원인채무에 대한 보증책임을 부담한다"고 하고 있습니다.

즉 배서인은 특별한 사정이 없는 한 어음상의 채무 외에 민사상의 원인채무에 대한 보증책임까지는 지지 않는다는 것입니다.

따라서 대여금채무의 지급을 확보하기 위해 채무자가 발행하는 약속어음에 배서인이 그러한 사실을 알면서 보증의 취지로 배서한 경우에도 그러한 사실만으로는 원인채무인 대여금채무에 대하여 보증계약이 성립된 것으로 볼 수 없고, 배서를 할 당시의 제반 사정과 거래계(去來界)의 실정 등에 의하여 배서인이 대여금채무까지도 보증하겠다는 의사를 가지고 배서했다는 사실을 추정할 수 있어야 비로소 대여금채무에 대한 보증계약의 성립을 인정할 수 있는 것입니다.

판결 

배서를 부탁한 친구가 어음상의 지급 만기일까지 자금을 조달하여 어음이 결제되도록 한다면 다행이지만, 그렇지 못할 경우에 오절친 씨는 그 어음을 취득한 제3자에 대하여 배서인으로서 어음법상의 책임을 져야 합니다.

다만 원인관계상의 채무까지 보증한다는 취지로 배서한 것이 아니라면 약속어음의 경우 지급기일로부터 3년간 행사하지 않으면 소멸시효가 완성되므로 그 기간 내에 어음 소지인이 어음금 지급을 청구하지 않는다면 오절친 씨는 더 이상 아무런 책임을 지지 않아도 됩니다.

그러나 배서인이 어떠한 의도로 어음에 배서했는지를 둘러싸고 법적인 분쟁이 발생한 경우 이를 판단하는 것은 쉬운 일이 아니므로 어음에 배서를 할 때는 혹시라도 나중에 원인관계에 대한 보증책임까지 질 수도 있다는 점을 염두에 두어야 합니다.

26

공탁통지서 없이도
공탁금을 찾을 수 있을까?

김덜렁 씨는 상대방이 형사합의금 명목으로 공탁을 한 지 얼마 후에 공탁통지서를 받았는데, 그만 분실하고 말았다. 김덜렁 씨는 이 경우 어떻게 하면 공탁통지서 없이도 위 합의금 명목의 공탁금을 찾을 수 있을까?

법률 포인트_ 변제공탁

형사합의금이라고 하더라도 이는 일종의 손해배상에 대한 합의금으로 보는 것이 원칙입니다. 그러므로 향후 손해배상을 요구하더라도 위 합의금을 제외한 나머지 금원을 손해액으로 변제받게 됩니다.

그런데 형사합의금 명목으로 공탁을 했다면 실제 형사합의가 된 것은 아니라고 보아야 합니다. 합의가 되었다면 바로 상대방이 김덜렁 씨에게 지급하면 될 일인데, 김덜렁 씨가 금액 등에 이견이 있어 수급을 거절하므로 부득이하게 합의금 명목으로 공탁을 하는 것으로 보아야 하기 때문입니다.

민법에서는 채무자인 상대방이 김덜렁 씨에게 변제를 하려고 해도 채권자인 김덜렁 씨가 변제를 받지 않거나 변제를 받을 수 없는 경우 등에는 채무이행에 갈음하여 채무의 목적물을 공탁하여 그 채무를 면할 수 있는 공탁을 '변제공탁' 이라고 규정하고 있습니다.

변제공탁을 하면 채무가 소멸하므로 채무자인 상대방은 그 한도 내에서는 채무를 면하게 되고, 채권자인 김덜렁 씨는 채무자인 상대방에게 그 한도 내에서 채무이행을 청구하지 못하고 대신 공탁소에 공탁물(채무의 목적물)의 지급을 청구할 수 있을 뿐입니다.

 법률 풀이

채무자인 상대방이 김덜렁 씨 앞으로 공탁을 할 때는 김덜렁 씨의 주소지를 관할하는 법원의 공탁소에 공탁해야 하는데, 그곳에 비치된 공탁서와 공탁통지서를 받아 일정한 서류와 함께 공탁공무원에게 제출하면 됩니다.

이때 공탁공무원이 이를 심사하여 공탁을 수리하게 되고, 그 후 공탁자인 상대방은 공탁물을 공탁물보관은행에 납입해야 합니다. 만일 지정한 납입기일까지 납입하지 않으면 공탁수리결정은 그 효력이 상실됩니다.

공탁이 되면 공탁공무원은 공탁이 되었음을 알리는 통지서인 공탁통지서를 채권자인 김덜렁 씨에게 보냅니다. 그러므로 김덜렁 씨가 위 공탁금을 지급받고자 한다면 공탁통지서를 첨부해야 하는 것이 원칙입니다.

그런데 공탁통지서를 분실하는 일이 있을 수 있습니다. 이러한 경우에도 무조건 공탁통지서를 첨부하여야만 공탁금을 찾을 수 있다고 한다면 현저히 부당한 결과가 있을 수 있습니다. 가령 공탁통지서를 분실했음에도 상대방이 공탁금을 김덜렁 씨가 찾아가는 것에 동의한다는 의사표시를 했다면, 공탁통지서가 없다는 이유만으로 김덜렁 씨가 공탁금을 찾을 수 없게 하는 것은 불합리하기 때문입니다.

그리하여 공탁사무처리규칙에서는 상대방에게 공탁서 원본 내지는 공탁통지서의 첨부 없이도 공탁금을 김덜렁 씨가 찾는 것을 승낙한다는 취지의 승낙서를 받으면 공탁금을 찾을 수 있도록 처리하고 있습니다.

판결

김덜렁 씨가 상대방으로부터 공탁서 원본 내지는 승낙서를 받지 못한 경우에는 어떻게 되는 것일까요?

이 경우에는 공탁공무원이 인정하는 두 사람 이상이 연대하여 김덜렁 씨가 공탁금을 찾아감으로써 손해가 생길 때는 이를 배상한다는 내용의 보증각서와 그들의 재산증명서 및 인감증명서를 첨부하는 방법이 있습니다.

이 방법도 여의치 않으면, 공탁공무원으로 하여금 이해관계인에게 위 공탁금을 김덜렁 씨가 찾아가는 데 이의가 있으면 그 이유를 기재한 이의신청서를 일정 기간 내에 제출할 것을 통지하게 하는 방법이 있습니다.

이해관계인을 알 수 없는 경우에는 그 취지를 공고하면 됩니다. 물론 그 통지비용 내지 공고비용은 김덜렁 씨가 부담하게 되고, 그 통지 내지는 공고 기간이 지나면 김덜렁 씨는 위 공탁금을 찾을 수 있습니다.

27 돈을 받고 가게 운영 권리를 넘겨놓고 근처에서 비슷한 가게를 열어도 괜찮을까?

김울컥 씨는 A라는 상호로 커피, 녹차 등을 판매하여온 이뻔뻔 씨로부터 시설비를 포함한 권리양도금액 4000만 원을 지불하고, 김울컥 씨의 사업자 승계에 협조해주는 내용이 들어 있는 권리양도계약을 체결했다. 그 후 이뻔뻔 씨는 바로 인근에 B라는 상호로 제과점 영업을 개시했는데, 빵류 이외에 커피류, 과일주스류, 병주스류 등의 조리·판매를 시작했다. 김울컥 씨는 과연 이뻔뻔 씨가 영업을 하지 못하도록 할 수 있을까?

법률 포인트 _ 권리양도와 영업양도

원래 영업을 양도한 경우에 다른 약정이 없으면 양도인은 10년간 동일한 특별시·광역시·시·군과 인접 특별시·광역시·시·군에서 동종 영업을 할 수 없습니다(상법 제41조 1항).

왜냐하면 영업양도란 영업을 구성하는 유·무형 일체의 재산을 양도하는 것이고, 그 일체의 재산관계를 양도받아 양도인이 하던 것과 같은 영업 활동을 계속하는 것이기 때문입니다.

영업양도를 하고 난 후 양도인인 이뻔뻔 씨가 바로 인근에서 같은 영업을 한다면 김울컥 씨로서는 굳이 영업양수를 받을 필요가 없이 새로이 영업시설을 개설하면 족할 것이므로 영업양수양도의 실익이 없다고 보아야 하기 때문이지요.

그래서 상법에서도 10년간 동종 영업을 하지 못하도록 규정하고 있습니다. 또한 영업을 구성하는 유·무형의 일체의 재산이 양도된 이상, 인계·인수할 종업원이나 노하우, 거래처 등이 존재하지 않는 소규모 자영업의 경우에도 동일하게 적용을 받게 됩니다(대판 2009마 1136 결정).

 법률 풀이

계약서에 영업양도라는 명칭이 아닌 권리양도계약이라는 문구가 있다고 하여 영업양도계약이 아니라고 단정 지을 수는 없습니다.

권리양도계약의 내용이 영업양도에 해당한다면 비록 문구가 영업양도가 아닌 권리양도라고 해도 영업양도계약으로 보아야 하기 때문이지요. 이러한 점에 비추어 다시 사례로 돌아가 영업양도인지 여부를 살펴보기로 합니다.

김울컥 씨는 이뻔뻔 씨로부터 시설비를 포함한 권리양도를 그 대가로 하여 4000만 원을 지급했습니다. 그렇게 보면 단순히 양도 대상이 비품 등의 시설에 한정된다고 보기는 어렵다고 할 것입니다.

또한 양도인인 이뻔뻔 씨는 김울컥 씨의 사업자 승계에 협조해주기로 한 점에 비추어 보면, 김울컥 씨는 이뻔뻔 씨가 그간 가지고 있던 일체의 재산관계를 양도받아 양도인인 이뻔뻔 씨가 하던 것과 같은 영업 활동을 계속하는 것으로 볼 여지가 매우 크다고 할 것입니다. 그렇다면 김울컥 씨와 이뻔뻔 씨 사이에 이루어진 권리양도계약의 실질은 영업양도로 봄이 타당하다고 하겠지요.

판결

그러므로 이뻔뻔 씨가 종전 영업은 폐지하고 다시 새로이 B라는 상호로 사업자등록을 개설한 행위는 상법상의 동종 영업 금지 규정에 위배될 여지가 많은 것이 사실입니다.

이 경우 이뻔뻔 씨는 동종 영업을 하지는 못할 것인데, 비록 기본 영업 종목이 빵류로 종목의 변동은 있었지만 빵류 외에 커피류 등 기존의 영업 대상과 중복되는 품목을 판매하는 점 등을 감안하면 그 범위 안에서는 동종 영업에 해당된다고 보는 것이 타당합니다(서울동부

지법 2010가합5401 판결).

　그러므로 김울컥 씨는 이뻔뻔 씨에게 B상호로 운영하고 있는 점포에서 커피류, 과일주스류, 병주스류 등을 조리 및 판매할 수 없도록 청구할 수 있습니다.

　이처럼 권리양도라고 할지라도 그 계약 내용에 따라 영업양도에 해당될 여지는 얼마든지 있을 수 있으므로, 만일 동종 영업을 계속할 것이라면 비품 등의 시설에 한정하여 양도를 할 것임을 명확히 하여 계약 내용을 정해야 한다는 점을 잊어서는 안 됩니다.

2장

내 권리 되찾기 위해서라면

6년 동안
한 몸 바쳐 일했지만
퇴직금은 쥐꼬리

대학 졸업 후 줄곧 회사 생활을 해온 최열심 씨. 결혼과 함께 회사를 그만두지만 아무리 생각해도 퇴직금이 너무 적다. 일편단심 한 몸 바쳐 열심히 일한 직장인데 너무 억울하다. 어디 호소할 방법이 없을까?

법률 포인트_ 퇴직금

근로자가 상당 기간을 근속하고 퇴직하는 경우 근로관계의 종료를 사유로 근로자에게 지급하는 금원을 퇴직금이라고 합니다. 퇴직금과 관련해서는 근로자의 안정적인 노후생활을 보장할 목적으로 제정된 근로자퇴직급여 보장법이 시행되고 있습니다. 퇴직금은 사회보장 성격도 어느 정도 있기는 하지만 근로관계 존속 기간에 적립해둔 임금을 퇴직할 때 찾아가는 '후불 임금'으로 보는 것이 일반적입니다.

퇴직금 제도를 설정하고자 하는 사용자는 계속근로기간 1년에 대하여 적어도 30일분 이상의 평균임금을 퇴직금으로 퇴직하는 근로자에게 지급할 수 있는 제도를 설정해야 합니다. 무주택자인 근로자가 본인 명의로 주택을 구입하는 등 일정한 사유에 한하여 근로자가 요구하는 경우에는 근로자가 퇴직하기 전에 해당 근로자가 계속 근로한 기간에 대한 퇴직금을 미리 정산하여 지급할 수 있습니다. 이때 미리 정산하여 지급한 후의 퇴직금 산정을 위한 계속근로기간은 정산 시점부터 새로 계산합니다.

그리고 사용자는 근로자가 퇴직한 경우에는 그 지급 사유가 발생한 날부터 14일 안에 퇴직금을 지급해야 하는데, 만약 이 기간 내에 지급하지 않으면 임금을 체불한 것이 되어 형사고소까지 당할 수도 있으니 주의해야 합니다.

한편 퇴직금을 받을 권리는 3년간 행사하지 않으면 시효로 인하여 소멸됩니다. 또한 조세나 공과금 및 다른 채권에 우선하여 변제받을 수 있고, 그중 최종 3년간의 퇴직금은 사용자의 총재산에 대하여 질권 또는 저당권에 의하여 담보된 채권, 조세·공과금 및 다른 채권에 우선하여 변제받을 수 있습니다.

 법률 풀이

1. 지급요건

1) 근로기준법상의 근로자여야 함

근로기준법상의 근로자란 직업의 종류를 불문하고 사업 또는 사업장에서 임금을 목적으로 근로를 제공하는 자를 말합니다. 따라서 정규직이든 일용직이든 혹은 임시직이든 계약직이든 그 고용 형태에 관계없이 사용종속관계하에서 근로를 제공했으면 퇴직금의 정당한 청구권자가 됩니다.

다만 단시간근로자는 4주간을 평균하여 1주간의 근로시간이 15시간 미만인 경우에는 퇴직금 제도가 적용되지 않습니다. 또한 퇴직금 제도는 근로자를 사용하는 모든 사업 또는 사업장에 적용합니다. 다만 동거하는 친족만을 사용하는 사업 및 가구 내 고용활동에는 적용하지 않습니다.

2) 1년 이상 계속 근로하여야 함

계속근로연수는 근로계약을 체결한 후 실질적으로 근로관계가 해지될 때까지의 기간으로 반드시 계속하여 근로를 제공한 기간을 의미하는 것은 아닙니다. 따라서 계속근로연수에는 그 사업 또는 사업장에 적을 두고 근로관계를 유지하고 있다면 실근로연수 및 개근·출근율에 관계없이 근속연수에 포함됩니다.

그러나 군복무로 휴직한 기간은 포함되지 않는다는 것이 판례의

입장입니다. 일용임시근로자도 근로하지 않은 날이 상당 기간 계속
되지 않는 한 사실상 계속하여 근로한 경우 계속근로로 인정됩니다.

3) 퇴직 또는 일정한 사유에 한하여 근로자의 퇴직금 중간정산 요구
가 있어야 함

퇴직의 사유는 제한이 없습니다. 따라서 계약 기간 만료로 퇴직하
는 사람뿐만 아니라 해고나 직권면직된 자 역시 퇴직금을 지급받을
수 있습니다.

또한 사용자는 무주택자인 근로자가 본인 명의로 주택을 구입하
는 등 일정한 사유에 한하여 근로자의 요구가 있는 경우에 중간정산
을 할 수 있다는 점은 앞서 본 바와 같습니다. 이 경우 계속근로연수
는 정산 시점부터 새로 기산하게 됩니다.

2. 산정 방법

근로자퇴직급여 보장법에 따르면 사용자로 하여금 계속근로연수
1년에 대하여 30일분 이상의 평균임금을 퇴직금으로 지급하도록 하
고 있습니다.

퇴직금 산정 관련 규정은 강행규정(당사자의 의사와 상관없이 강제
로 적용되는 규정)으로서 당사자의 합의나 노사협의회에서의 합의 또
는 단체협약의 규정이 있더라도 그 기준 이하의 퇴직금 계산은 효력
이 없습니다. 계속근로기간이 1년 이상이고 1년이 안 되는 단수(예
를 들어 계속근로기간이 18개월이라면 1년을 빼고 남은 6개월)가 있는 경

우에는 월별로 나누어 퇴직금을 계산하며, 근속기간 중에 근로형태의 변경이 이루어져도 변경 전후의 기간을 합산하여 계산합니다.

한편 퇴직금 산정의 기초가 되는 평균임금은 근로기준법에서 규정하고 있습니다. 이에 따르면 평균임금은 이를 산정하여야 할 사유가 발생한 날 이전 3개월 동안에 그 근로자에게 지급된 임금의 총액을 그 기간의 총일수로 나눈 금액을 말합니다.

다만 ① 수습사용 중인 기간, ② 사용자의 귀책사유로 휴업한 기간, ③ 산전후휴가 기간, ④ 업무상 부상 또는 질병으로 요양하기 위하여 휴업한 기간, ⑤ 육아휴직 기간, ⑥ 쟁의행위 기간, ⑦ 업무 외 부상이나 질병 그 밖의 사유로 사용자의 승인을 받아 휴업한 기간 등은 평균임금을 산정할 때 제외됩니다.

사용자는 하나의 사업에 포함되는 본사·지사·공장 사이에 퇴직금 지급 조건을 달리하는 제도를 둘 수 없고 하나의 사업 내에서 직위·직종별로 차등을 두거나 누진율을 달리하는 것도 금지됩니다.

판결 

사업주가 퇴직금을 지급하지 않거나 일부만 지급한 경우에는 노동부에 진정을 제기할 수 있습니다. 퇴직금도 임금의 일부이므로 이를 체불할 경우에는 근로기준법 위반으로 근로감독관이 사업주를 형사고소하게 됩니다.

　형사고소하면 대개는 사업주가 약식기소되어 벌금형을 선고받게 되는데, 그래도 퇴직금을 받지 못한 경우에는 민사소송으로 갈 수밖에 없습니다.

　이때는 우선 노동부 근로감독관에게 체불임금 확인원을 발급받으세요. 그런 다음 그것을 가지고 가까운 대한법률구조공단 지사를 방문하여 무료법률구조지원 신청을 하면 민사소송 일체를 무료로 도움받을 수 있습니다.

　만일 사업주가 재산이 없고, 사업이 사실상 도산 상태에 있다면 국가에서 체불임금의 일부를 지급하는 체당금제도(도산기업에서 퇴직한 근로자가 사업주에게 임금 등을 지급받지 못한 경우에 국가가 이를 임금채권보장기금에서 대신 지급해주는 제도)를 알아보시는 것도 하나의 방법입니다.

아이의 갑작스런 교통사고로 회사를 그만두게 된 철수 엄마. 과
연 실업급여를 받을 수 있을까?

법률 포인트 _ 실업급여

실물경기 침체로 인해 비자발적 사유로 퇴직하는 근로자가 급증
하고 있습니다. 이처럼 근로자가 실직했을 때 일정 기간 급여를 지급
함으로써 실업으로 인한 생계 불안을 극복하고 생활의 안정을 도와
주며 재취업을 지원해주는 제도가 있는데, 이것이 바로 '실업급여'
입니다.

대부분 사람들이 실업급여라 하면 회사를 그만둘 때 이에 대한 위

로금 혹은 고용보험료를 납부한 대가로 당연히 지급되는 돈으로 알고 있는데요, 전혀 그렇지 않습니다.

실업급여는 실직 후 적극적으로 재취업을 할 수 있도록 돕기 위한 일종의 '재취업 활동 지원금'입니다. 일용근로자라 하더라도 고용보험에 가입돼 있고 일정한 요건만 충족한다면 실업급여를 받을 수 있습니다.

 법률 풀이

1. 실업급여를 받을 수 있는 자격

실업급여는 고용보험 가입 사업장에서 퇴직 전 18개월 중 180일 이상 피보험자로 근무하다가 경영상 해고나 계약 기간의 만료 등 비자발적인 사유로 이직한 근로자가 적극적으로 재취업 활동을 하는 경우에 지급됩니다. 일용근로자는 여기에 수급자격 신청일 이전 1개월간 근로한 일수가 10일 미만이어야 한다는 요건이 추가됩니다.

다만 전직이나 창업처럼 개인 사정으로 퇴직하거나 본인의 중대한 잘못으로 해고된 경우에는 실업급여를 받을 수 없습니다. 여기서 중대한 잘못이란 ① 형법 또는 직무와 관련된 법률을 위반하여 금고 이상의 형을 선고받고 해고된 경우, ② 공금횡령이나 회사 기밀 누설 혹은 기물 파괴 등으로 회사에 막대한 재산상의 손해를 끼쳐 해고된 경우, ③ 정당한 사유 없이 장기간 무단결근하여 해고된 경우 등을 말합니다.

그러나 자발적으로 퇴직하는 사람에게도 실업급여 수급자격이 주어지는 경우가 있는데요, 이는 고용보험법시행규칙 제101조 2항 별표2에 자세히 나와 있으니 이를 참조하세요(161쪽 참조).

2. 신청 방법 및 절차

실업급여를 지급받으려면 실직 후 바로 주민등록증이나 운전면허증 등 본인임을 증명할 수 있는 신분증을 가지고 가까운 고용안정센터에 가서 구직 등록을 한 후에 수급자격인정신청서를 제출해 실업신고를 해야 합니다.

퇴직한 다음 날부터 12개월이 경과하면 실업급여를 신청할 자격이 된다 하더라도 실업급여를 받을 수 없습니다.

일단 실업신고를 하면 14일 이내에 수급자격을 인정할 것인지를 고용안정센터에서 결정합니다. 수급자격을 인정하지 않을 경우에는 전화나 문서로 통지를 하고, 인정할 경우에는 실업신고 후 2주가 되는 날에 출석하여 수급자격증을 받으면 됩니다.

이날을 실업인정일이라 하는데요, 첫 번째 실업인정일까지는 대기 기간으로 구직급여가 지급되지 않습니다. 실업인정일에 출석하여 실업인정신청서를 제출하고 지난 2주 동안 적극적으로 구직 활동을 했음에도 취업하지 못했다는 사실을 인정받아야 구직급여가 지급됩니다.

두 번째 실업인정일은 2주 후 같은 요일이 되는데 이때 다시 실업인정신청서를 작성하여 실업인정을 받으면 구직급여가 계좌로 입금되고 이후 매 2주마다 지정된 날짜에 출석하여 같은 절차를 반복하게 됩니다. 지정된 실업인정일에 출석하지 않으면 원칙적으로 구직급여가 지급되지 않습니다.

3. 부정수급

부정한 방법으로 실업급여를 받은 사실이 적발되면 부정수급액을 반환해야 함은 물론 부정수급액만큼의 추가 징수, 부정수급한 날 이후의 실업급여 지급 중지, 사법처리 등의 제재를 받게 됩니다.

만약 회사 관계자가 부정행위에 개입했다면 사업주에게도 연대책임을 묻고, 이직확인서 허위 기재 신고로 부정수급이 발생한 경우에는 사업주에게 별도로 200만~300만 원의 과태료가 부과됩니다.

대표적인 부정수급 사례로는 실업인정대상기간 중 재취업 사실을 신고하지 않거나 허위로 신고한 경우, 퇴직 사유 또는 임금 등을 허위로 신고하는 경우 등이 있습니다.

부정수급 사실을 자진 신고하면 추가 징수 및 형사고발 등을 면제받을 수 있고, 부정수급자를 신고할 경우에는 최대 100만 원, 연간 300만 원 한도 내에서 부정수급액의 20%에 해당하는 금액을 포상금으로 받을 수 있습니다.

　다니던 회사를 그만두었다고 하여 무조건 실업급여를 지급받을 수 있는 것은 아니며 위에서 언급한 요건들을 충족해야 합니다.

　그러나 개인적인 사유로 자발적으로 퇴직한 때에도 퇴직 사유가 부모나 동거 친족의 질병·부상 등으로 30일 이상 본인이 간호해야 하는 등 고용보험법시행규칙 제101조 2항 별표2에서 규정하는 사유인 경우에는 수급자격이 제한되지 않습니다.

　따라서 철수 엄마는 소정의 절차를 거쳐 실업급여를 받을 수 있을 것으로 보입니다.

　구직급여는 퇴직 당시 연령과 고용보험 가입 기간에 따라 90~240일의 범위 내에서 퇴직 전 평균임금의 50%가 지급됩니다. 다만 일일 최고액은 4만 원이고, 최저액은 최저임금액의 90%에 해당하는 금원이 됩니다.

고용보험법시행규칙 제101조 2항 별표2

[별표2] 〈개정 2011.1.3〉

수급자격이 제한되지 아니하는 정당한 이직 사유(제101조 2항 관련)

1. 다음 각 목의 어느 하나에 해당하는 사유가 이직일 전 1년 이내에 2개월 이상 발생한 경우

가. 실제 근로조건이 채용 시 제시된 근로조건이나 채용 후 일반적으로 적용 받던 근로조건보다 낮아지게 된 경우

나. 임금체불이 있는 경우

다. 소정근로에 대하여 지급받은 임금이 '최저임금법'에 따른 최저임금에 미 달하게 된 경우

라. '근로기준법' 제53조에 따른 연장 근로의 제한을 위반한 경우

마. 사업장의 휴업으로 휴업 전 평균임금의 70퍼센트 미만을 지급받은 경우

2. 사업장에서 종교, 성별, 신체장애, 노조활동 등을 이유로 불합리한 차별대 우를 받은 경우

3. 사업장에서 본인의 의사에 반하여 성희롱, 성폭력, 그 밖의 성적인 괴롭힘 을 당한 경우

4. 사업장의 도산·폐업이 확실하거나 대량의 감원이 예정되어 있는 경우

5. 다음 각 목의 어느 하나에 해당하는 사정으로 사업주로부터 퇴직을 권고받 거나, 인원 감축이 불가피하여 고용조정계획에 따라 실시하는 퇴직 희망자의

모집으로 이직하는 경우

가. 사업의 양도·인수·합병

나. 일부 사업의 폐지나 업종전환

다. 직제개편에 따른 조직의 폐지·축소

라. 신기술의 도입, 기술혁신 등에 따른 작업형태의 변경

마. 경영의 악화, 인사 적체, 그 밖에 이에 준하는 사유가 발생한 경우

6. 다음 각 목의 어느 하나에 해당하는 사유로 통근이 곤란(통근 시 이용할 수 있는 통상의 교통수단으로는 사업장으로의 왕복에 드는 시간이 3시간 이상인 경우를 말한다)하게 된 경우

가. 사업장의 이전

나. 지역을 달리하는 사업장으로의 전근

다. 배우자나 부양하여야 할 친족과의 동거를 위한 거소 이전

라. 그 밖에 피할 수 없는 사유로 통근이 곤란한 경우

7. 부모나 동거 친족의 질병·부상 등으로 30일 이상 본인이 간호해야 하는 기간에 기업의 사정상 휴가나 휴직이 허용되지 않아 이직한 경우

8. '산업안전보건법' 제2조 7호에 따른 '중대재해'가 발생한 사업장으로서 그 재해와 관련된 고용노동부장관의 안전보건상의 시정명령을 받고도 시정기간까지 시정하지 아니하여 같은 재해 위험에 노출된 경우

9. 체력의 부족, 심신장애, 질병, 부상, 시력·청력·촉각의 감퇴 등으로 피보험자가 주어진 업무를 수행하는 것이 곤란하고, 기업의 사정상 업무종류의 전환이나 휴직이 허용되지 않아 이직한 것이 의사의 소견서, 사업주 의견 등에 근거하여 객관적으로 인정되는 경우

10. 임신, 출산, 만 6세 이하의 초등학교 취학 전 자녀(2008년 1월 1일 이후 출생한 자만 해당한다)의 육아, 병역법에 따른 의무복무 등으로 업무를 계속적으로 수행하기 어려운 경우로서 사업주가 휴가나 휴직을 허용하지 않아 이직한 경우

11. 사업주의 사업 내용이 법령의 제정·개정으로 위법하게 되거나 취업 당시와는 달리 법령에서 금지하는 재화 또는 용역을 제조하거나 판매하게 된 경우

12. 정년의 도래나 계약 기간의 만료로 회사를 계속 다닐 수 없게 된 경우

13. 그 밖에 피보험자와 사업장 등의 사정에 비추어 그러한 여건에서는 통상의 다른 근로자도 이직했을 것이라는 사실이 객관적으로 인정되는 경우

  야근 후 퇴근 도중에
일어난 교통사고를
업무상재해로
인정받을 수 있을까?

총무과 박 대리는 회사에 입사한 이래 직원들 급여 관리, 문서 발송 등 각종 업무를 담당하며 잦은 야근을 해왔다. 그러던 중 하루는 오후 7시 반에 업무를 마치고 회식에 참여한 후 총무과장과 함께 오후 10시에 회사로 돌아와 잔무를 처리하고 나서 오후 11시 30분에 총무과장의 권유로 퇴근했다. 박 대리는 어머니 명의의 승용차로 퇴근하던 중 인도에 있는 전신주를 들이받는 교통사고를 당했다. 박 대리는 미혼여성으로서 입사 이래 휴일도 없이 거의 매일 출근하여 야간 연장근무를 계속해온 데다 귀가 당시는 한밤중이라 택시 등 다른 대중교통수단을 이용하기 어려웠다. 이 경우 박 대리가 교통사고로 입은 부상은 산업재해보상보험법상 업무상재해인 출퇴근재해에 해당할까?

법률 포인트_ 출퇴근재해

출퇴근을 하는 도중에 교통사고로 사망하거나 부상을 입은 경우에는 자동차손해배상보장법에 의한 손해배상을 받거나 산업재해보상보험법(이하 '산재법')에 의한 보상을 받을 수 있습니다.

어느 법에 따라 구제를 받을지는 당사자의 선택에 따라 달라질 수 있지만 이중으로 보상을 받을 수는 없습니다. 가령 자동차보험으로 먼저 보상을 받은 때에는 차후에 산재보험 급여에서 그 액수만큼은 공제하고 보상을 지급하는 방식으로 조정을 하게 됩니다. 그 반대도 마찬가지입니다.

산재법상의 업무상재해는 근로자와 사업주 사이의 근로계약을 바탕으로 사업주의 지배·관리 아래 근로업무를 수행하거나 또는 그에 수반되는 통상적인 활동을 하는 과정에서 그 업무에 기인하여 발생한 재해를 말합니다.

그런데 출퇴근은 본격적인 업무 수행은 아니지만 노무 제공이라는 업무와 밀접·불가분의 관계에 있다고 평가되므로, 업무에 수반되는 통상적인 활동의 영역에 들어갑니다. 요컨대 출퇴근 행위는 업무 준비 행위 내지는 그 밖의 업무에 따르는 필요적 부수행위로 보는 것이지요.

이러한 점에서 퇴근이 완료된 이후, 즉 집에 도착한 이후 행위는 업무와 밀접·불가분의 관계로 보지는 않습니다. 그러므로 출퇴근 행위는 업무 관련성이 있으므로 출퇴근이 사업주의 지배·관리하에 이루어지면 출퇴근재해는 업무상재해가 되는 것입니다.

문제는 일반적으로 근로자의 출퇴근 과정은 사업주의 지배·관리 아래 있다고 볼 수는 없다는 점입니다. 방법과 경로는 근로자가 마음대로 선택할 수 있는 것이어서 사업주가 일일이 지배·관리할 수 있는 영역은 아니기 때문입니다.

이러한 점에서 보면 출퇴근 도중에 일어난 교통사고를 통상 산재법상의 업무상재해로 인정받기는 수월치 않습니다. 그렇다면 어떤 경우에 사업주의 지배·관리 아래 출퇴근이 이루어진다고 볼 수 있을까요.

 법률 풀이

산재법에서는 출퇴근재해의 성립 요건으로 ① '사업주가 출퇴근용으로 제공한 교통수단이나 사업주가 제공한 것으로 볼 수 있는 교통수단을 이용하던 중에 사고가 발생할 것'과 ② '출퇴근용으로 이용한 교통수단의 관리 또는 이용권이 근로자 측의 전속적 권한에 속하지 아니할 것'을 요합니다.

출퇴근재해가 성립하는 대표적인 예로 출퇴근용 회사버스로 출퇴근이 이루어지는 경우를 들 수 있습니다. 사업주가 제공한 회사버스로 출퇴근이 이루어진 이상, 출퇴근 방법과 경로가 사업주의 지배·관리하에 있다고 보기 때문이지요.

회사버스가 아니고, 근로자 본인이 운전하는 승용차에 회사에서 유류대를 지급한다거나 교통수당을 제공하는 경우에도 사업주의 지배·관리하에 있다고 볼 수 있을까요?

유류대나 교통수당이 지급된다고 하여 근로자의 출퇴근 경로를 회사에서 관리할 수 있다고 평가하기는 어렵습니다. 여전히 근로자가 마음대로 출퇴근 경로를 선택할 수 있는 것으로 보기 때문에 산재법상 그 교통수단의 관리 또는 이용권이 근로자 측의 전속적 권한에 속하는 것이지 사업주의 지배·관리 영역에 속한다고 보지는 않습니다.

결국 출퇴근 방법과 경로를 근로자 마음대로 정할 수 있는 출퇴근 도중에는 사고가 나더라도 업무상재해에 해당하지 않게 되는 것이지요.

판결

우선 박 대리가 오후 11시 30분에 퇴근을 하게 된 것은 통상적인 퇴근시간 이후에 업무와 관련된 사무 처리로 인한 것이므로 업무 관련성은 쉽게 인정된다고 하겠습니다.

결국 퇴근 행위가 회사의 지배·관리하에 이루어진 것으로 볼 수 있는지가 문제입니다. 앞서 언급한 바에 따르면, 박 대리는 자신의 승용차(엄밀히 말하면 박 대리 어머니 명의의 승용차)로 퇴근을 한 것이므로, 외형상으로는 출퇴근 방법과 경로의 선택이 박 대리에게 맡겨진 것으로 볼 수 있겠습니다.

그런데 실질상으로는 연이은 야간 연장근로에 퇴근 당시는 한밤중이라 택시 등 다른 대중교통수단을 이용하기 어려웠던 사정을 감안한다면 사실상 출퇴근 방법 등을 선택할 여지가 없어 실제로 출퇴근 방법이나 경로가 박 대리에게 유보된 것이라고 보기는 어렵습니다.

달리 말하면 잦은 야간근무에 대비한 것으로 보이는 위 승용차를 이용한 퇴근 이외에 다른 합리적 선택을 기대하기는 어려운 경우에 해당하는 것으로 볼 여지가 많다는 것입니다.

그러므로 박 대리의 부상은 업무상재해인 출퇴근재해에 해당한다고 할 것입니다.

실직자가 된 것도 억울한데 밀린 월급도 받지 못했다면……

회사의 부도로 졸지에 실직자가 된 조실직 씨, 직장을 잃은 것도 억울한데 그동안 밀린 월급도 받지 못했다. 어떻게 해야 할까?

법률 포인트_ 체불임금

| 진정서 제출 및 민사소송 제기 |

사업주가 임금을 지급하지 않거나 일부만 지급한 경우에는 우선 지방고용노동관서에 진정을 제기할 수 있습니다. 진정을 제기하면 해당 근로감독관이 사업주와 근로자를 소환하여 사실관계를 확인한 후 체불임금을 확정하여 사용자로 하여금 이를 지급하도록 시정지시를 하게 됩니다.

시정지시에 불응할 경우에는 '3년 이하의 징역이나 2천만 원 이하의 벌금'에 처해질 수 있으므로 대부분 이 단계가 되면 체불임금을 지급하는 것이 보통인데요, 고발조치가 있었음에도 밀린 임금을 지급하지 않는 경우에는 민사소송으로 갈 수밖에 없습니다.

이때는 우선 관할 지방고용노동관서에서 체불임금확인원을 발급받아 그것을 가지고 가까운 대한법률구조공단 지사를 방문하여 무료법률구조지원 신청을 하면 됩니다. 그러면 지급명령 신청이나 소액심판 청구 등 민사소송 일체를 무료로 도움을 받을 수 있습니다.

만일 사업주가 재산이 없고 사업이 사실상 도산 상태라면 국가에서 체불임금의 일부를 지급하는 체당금 제도를 알아보는 것도 하나의 방법입니다.

 법률 풀이

1. 체당금 제도

사업주가 재판상 또는 사실상의 도산을 하고 사업주가 임금 지급 능력이 없는 경우에 국가가 대신해서 체불임금을 지급하고, 국가는 근로자에게 지급한 체당금의 범위 내에서 당해 근로자가 사업주에 대하여 가지고 있던 미지급 임금 등의 청구권을 대위하여 행사하는 제도를 말합니다.

1) 요건

❶ 사업주가 산업재해보상보험법의 적용 대상이 되는 사업주로서 1명 이상 고용한 상태에서 6개월 이상 사업을 행하여야 하며, 상시 사용하는 근로자 수는 300인 이하여야 합니다. 1명이라도 근로자를 고용한 사업주는 의무적으로 산재보험에 가입하도록 돼 있으므로 사실상 산재보험에 가입하지 않았더라도 체당금 지급을 신청할 수 있습니다.

❷ 사업이 폐지되거나 사실상 폐지 과정에 있어야 합니다. 또한 사업주가 임금 및 퇴직금 등을 지급할 능력이 없거나 지급이 현저히 곤란한 경우여야 합니다. 사실상 폐지 과정에 있다는 것은 사업주가 행방불명되거나 공장 재산이 압류되어 더는 생산 활동을 할 수 없는 경우 등을 말합니다.

2) 절차

체당금을 받고자 하는 자는 우선 퇴직일로부터 1년 이내에 관할 지방고용노동관서에 '도산 등 사실인정신청서'를 제출해야 합니다.

신청서를 접수하면 근로감독관은 접수된 사실을 바탕으로 근로자와 사업주 사업체에 관해 사실관계를 조사하여 도산 사실 인정 여부를 판정하게 됩니다. 만일 도산 사실이 인정되면 체당금을 신청한 근로자들이 개별적으로 체당금지급청구서와 체당금지급요건확인신청서를 제출하여 자신이 체당금 지급 대상인지를 확인받게 됩니다. 지급 요건을 충족하면 근로복지공단으로부터 금융기관을 통해 체당금을 송금받게 됩니다.

3) 구비 서류

다니던 회사가 파산선고를 받은 경우에는 파산결정문통지서와 함께 자신의 신분증 사본과 등본 1통, 체당금을 지급받을 통장 사본, 급여를 통장으로 받은 내역 등만 있어도 충분합니다.

그러나 파산선고를 받지 않은 경우에는 필요한 서류들이 많으므로 반드시 변호사나 공인노무사 등 전문가의 도움을 받길 바랍니다.

4) 받을 수 있는 금액

체당금 지급 사유가 발생한 사업장에서 퇴직한 근로자가 지급을 보장받을 수 있는 임금채권의 범위는 '최종 3월분의 임금과 휴업수당 및 최종 3년간의 퇴직금 중 미지급 금액'으로서 연령에 따라 그 상한액이 설정되어 있습니다.

판결

먼저 지방고용노동관서에 진정서를 제출해 사업자를 압박할 필요가 있습니다. 이러한 방법이 통하지 않는다면 대한법률구조공단의 도움을 받아 민사소송을 진행할 수 있습니다. 그러나 회사가 부도가나 사업주에게 재산이 없는 경우에는 시간만 낭비할 뿐 별다른 효과

가 없으므로, 지방고용노동관서에 체당금 지급 신청을 하여 최소한
의 금액이라도 보상받는 길을 찾아야 할 것입니다.

부당공무집행과 '양아치' 욕설

김모욕 씨는 관할구청에 신고를 하지 않고 옥외에 현수막을 설치하다 현행범으로 체포되어 경찰서에서 조사를 받았다. 김모욕 씨가 현행범으로 체포될 당시에는 순순히 응해 경찰이 수갑을 채우지 않았다. 그러나 김모욕 씨가 경찰서에 도착해 조사를 받는 과정에서 한 경찰관이 수갑을 채울 것을 명령하자 김모욕 씨는 경찰관을 향해 "이거 양아치 아니야"라고 소리를 질렀다. 그리하여 김모욕 씨는 '양아치'라는 욕설을 한 것에 대하여 모욕죄로 추가로 처벌을 받았다. 과연 김모욕 씨의 '양아치'라는 욕설은 모욕죄로 처벌을 받아야 할 사안일까?

허가나 신고를 하지 않고 옥외에 현수막을 설치하는 것은 불법입니다. 옥외광고물 등 관리법에서는 허가를 받지 않은 경우에는 1년 이하의 징역 및 1천만 원 이하의 벌금에 처하도록 규정하고 있고, 신고를 하지 않은 경우에는 500만 원 이하의 벌금에 처하도록 하고 있습니다.

김모욕 씨가 관할구청의 허가를 받거나 관할구청에 신고를 하지 않고 임의로 현수막을 설치한 행위는 처벌 대상이 되는 것이 자명한 일이지요. 또한 설치할 당시 현행범으로 체포된 것이므로 그 자체가 법적으로 문제될 것은 없습니다.

한편 경찰관직무집행법에서는 현행범이나 현행범이 아니더라도 도주 방지, 공무집행에 대한 항거의 억제 및 자살 또는 자해 방지 등을 위하여 필요한 경우 최소한의 범위 내에서 수갑 등 경찰장비를 사용할 수 있도록 허용하고 있습니다.

법률 풀이

위 법률에 따르면 조사를 받는 김모욕 씨에게 수갑을 채우기 위해

서는 김모욕 씨가 경찰서에서 난동을 피우거나 자해 등을 할 우려가
있어야 합니다.

그러나 현행범으로 체포될 당시에도 수갑을 채운 사실이 없었던
점에 비추어 보면, 경찰서에 도착한 김모욕 씨가 경찰서 내에서 도주
나 항거 또는 자해 등을 할 사정을 살펴보기는 쉽지 않습니다. 그런
데도 수갑을 채우려 한 것은 부당한 공무집행에 해당한다고 볼 것입
니다.

문제는 부당한 공무집행에 항거하는 방편으로, 김모욕 씨가 수갑
을 채울 것을 명령한 경찰관을 향해 "양아치 아니야"라고 소리친 것
이 과연 적절한가 하는 점입니다. 다른 경찰관이 있는 자리에서 큰
소리로 '양아치' 운운하는 것은 모욕죄에 해당될 여지가 매우 크기
때문이지요.

형법상 모욕죄에서 모욕은 '사람의 사회적 평가를 저하시킬 만한
경멸적 감정을 표현하는 것'을 말합니다. 이른바 '욕설'이 전형적인
예에 해당한다고 할 것입니다.

"부모가 그런 식이니 자식도 그런 것이다"와 같은 표현의 경우, 상
대방의 기분이 다소 상할 수 있다고 하더라도 그 내용이 막연하여 형
법상 모욕죄를 구성한다고 보기는 어렵다고 한 대법원 판례도 있는
만큼(대법원 2006도8915 판결), 과연 어떤 표현은 모욕에 해당하고 어
떤 표현은 모욕에 해당하지 않는지를 따지는 것은 현실적으로 참 어
려운 일입니다.

만일 같은 사안에서 'O새끼야'라고 했다면, 이는 전형적인 욕설

이므로 모욕죄에 해당하는 것을 부정할 수 없을 것입니다. 그런데 최근 법원에서 '이거 양아치 아닌가' 라는 표현에 대해서는 부당한 공무집행에 항의 의사를 표시한 것에 지나지 않는다는 취지의 판결을 내린 바 있습니다(서울중앙지방법원 2010고합1003 판결).

판결

위 판결의 취지는 김모욕 씨의 행위는 위법·부당한 공무집행에 대한 소극적 저항 행위에 해당하고, 그 저항 행위의 일환으로 '양아치' 운운한 것이 사회통념상 상당한 정도를 넘어선 것이라고 보기는 어렵다는 것이지요.

그러한 의미에서 김모욕 씨의 '양아치' 욕설은 모욕죄로 처벌받아야 할 사안은 아니라고 할 것입니다. 다만 유념할 일은 어떤 경우에나 '양아치' 라는 표현이 모욕죄에 해당하지 않는다는 것은 아니고, 그와 같이 말하게 된 경위 등에 비추어 사안마다 다르게 판단할 수 있다는 점입니다. 부당한 집행에 대해 항의하더라도 상대를 모욕할 여지가 있는 표현은 피해야 할 것입니다.

3장

구입 전, 구입 후에도 신경 써라

인터넷으로 산 핸드폰, 판매점과 대리점에서 말하는 의무가입 기간이 달라요

인터넷으로 산 핸드폰을 해지하려고 대리점에 간 그만써 씨. 핸드폰 구입 당시 인터넷 판매점에서는 의무사용기간이 1년이라고 했는데, 대리점에서 확인을 해보니 의무사용기간이 3년이라고 한다. 이럴 땐 어떻게 해야 할까?

법률 포인트_ 의무약정제와 입증책임

일정 기간 가입자가 해당 이동통신사에 가입을 유지하는 조건으로 휴대전화를 싸게 주는 제도를 의무약정제라고 합니다. 이 제도의 시행으로 소비자는 저렴한 비용으로 원하는 휴대전화를 구입할 수 있게 되었지만 중간에 해지하고자 할 때는 위약금을 물어줘야 합니다.

그런데 이 기간이 당초에 가입자가 알고 있던 기간과 다른 경우에는 어떻게 해야 할까요? 이때는 무엇보다 쌍방이 합의한 계약서에 어떻게 표시되어 있는지 확인할 필요가 있습니다.

만약 의무가입기간이 명시돼 있다면 가입자는 착오를 이유로 취소를 주장할 수도 있겠지만 현실적으로 개인이 이를 입증해내기란 상당히 어렵습니다. 따라서 이 경우에는 대리점의 주장이 받아들여질 가능성이 높습니다. 그러므로 계약 전에 계약서 내용을 반드시 확인해야 합니다.

그런데 만약 계약서에 명시된 내용이 없다면 무엇을 근거로 그러한 주장을 하는지 그 근거 서류를 제시할 것을 요구할 수 있습니다. 왜냐하면 입증책임이 소비자에게만 있는 것은 아니기 때문이죠.

즉 의무사용기간이 1년이란 사실은 가입자가 입증해야 하지만 3년이란 사실은 통신사에서 입증해야 합니다. 이 과정에서 통신회사 측이 제대로 입증을 못하거나 아니면 설명 의무를 제대로 이행하지 않는 등 고의나 과실이 드러나면 그 책임을 물어 손해배상을 청구할 수도 있습니다.

 법률 풀이

1. 가입 전 알아두어야 할 사항

1) 계약 사항을 입증할 수 있는 증빙 자료

최근 이동통신사들의 고객 유치를 위한 무리한 영업행위가 계속되면서 가입자 유치, 서비스 이용, 서비스 해지의 각 단계에서 통신회사와 이용자 간 다양한 분쟁이 발생하고 있습니다.

이러한 분쟁을 해결하기 위해서는 계약 사항을 입증할 수 있는 증빙자료를 반드시 구비해야 하는데요, 이와 관련하여 방송통신위원회에서는 통신피해민원을 줄이고자 통신회사와 공동으로 전담반을 구성하여 '통신민원종합대책'을 마련하여 시행한 바 있으며, 통신서비스 이용자 보호를 위해 가입 서류 등에 대한 통신회사의 입증책임을 강화했습니다.

2) 이면계약에 대한 증빙자료

요즘은 일정한 내용을 조건으로 휴대전화를 공짜로 준다고 광고하는 통신회사 대리점이 많습니다. 그런데 추가 서비스를 제공받는 조건으로 대리점과 이면계약을 체결하는 경우에는 이에 대한 증빙자료를 가입자가 확보하고 있어야 합니다. 그래야 나중에라도 문제가 되는 경우에 통신회사의 귀책사유를 입증할 수 있습니다. 따라서 이때는 가입계약서 사본을 받아두는 것이 좋습니다.

3) 이용요금 청구서의 각 항목

본인의 통신서비스 이용요금이 얼마나 되는지 모르는 사람이 의외로 많습니다. 자동이체를 통해서 요금을 납부하는 사람들이 많다 보니 이용요금 상세내역서를 확인하지 않을 때도 많습니다. 이용요금 청구서를 받는 즉시 각 항목을 꼼꼼히 살펴 혹시 신청하지 않은 부가서비스 요금이 납부된 것은 없는지, 자신이 신청한 요금제가 맞는지 등을 확인해야 합니다. 통신회사의 이용약관상 통신서비스 이용요금은 보통 6개월이 경과한 후에는 환불받을 수 없는 경우가 많으므로 사전에 미리 이의를 제기해야 합니다.

2. 관련 문제

1) 휴대전화를 분실하거나 고장 난 경우

의무약정 기간에 휴대전화가 고장 나거나 분실할 경우 그 부담은 그대로 소비자의 몫이 됩니다. 수리보증 기간이 지난 뒤에 고장이 발생하면 소비자가 수리비용을 부담하고, 새로 단말기를 사는 비용 역시 소비자가 부담해야 하기 때문입니다.

2) 신청하지 않은 부가서비스에 가입된 경우

이용자가 신청하지 않은 각종 부가서비스에 가입되어 요금이 청구되었다면 환불 및 해당 서비스의 해지를 요구할 수 있습니다. 다만 이용약관에서 청구된 요금에 대한 이의신청 기간을 청구일로부터 6개월 이내로 한정하고 있는 경우가 많으므로 그 기간이 지나지 않도록 주의해야 합니다. 또한 부가서비스 이용요금은 대부분 소액이라서 매월 요금청구서를 주의 깊게 살펴보지 않으면 간과하기 쉬우므로 이에 대한 주의가 필요합니다.

3) 기타

말로는 '공짜 폰'이라고 하면서 기기 값을 몰래 이용요금에 포함 시켜 청구하는 일도 상당히 자주 발생하고 있습니다.

그 수법을 보면 요금제 할인 혜택을 마치 휴대폰 대금을 지원해주 는 것처럼 광고해 계약을 유도하거나, 휴대폰 무료 제공은 구두로 설 명하고 계약서에는 형식적으로 하는 것이라며 휴대폰 대금을 할부 청구하는 것으로 표기하기도 합니다. 이때 계약서에 명의자의 서명 이 있다면 휴대폰 할부 구입에 동의한 것이 되므로 나중에 이의 제기 도 할 수 없습니다.

한편 이동통신사 가입자를 대신 모집하는 회사인 별정통신사업자 에 의한 피해도 증가하고 있는데요, 그들은 휴대전화를 공짜로 주는 대신 자체적으로 책정한 비싼 요금제로 사실상 휴대전화 요금을 충 당하는 편법을 사용하고 있습니다.

따라서 계약 전 별정통신사업자 여부를 반드시 확인하고, 판매자 가 계약서는 형식적인 것이라 주장하더라도 '공짜' 또는 '무료'라는 계약 조건을 모두 계약서에 표기하도록 꼼꼼히 챙겨야 합니다.

인터넷으로 산 아이 책, 환불받고 싶은데 연락이 안 돼요

인터넷 광고를 보고 아이 책을 충동구매한 주부 김후회 씨. 막상 책을 받아 보니 마음에 들지 않아서 환불을 받으려고 인터넷 사이트에 적힌 연락처로 전화를 걸었다. 그러나 아무리 연락해도 전화를 받지 않았다. 충동구매한 책을 환불받을 방법이 없을까?

1. 인터넷 구매

인터넷의 발달로 직접 매장에 들르지 않고 책상에 앉아 클릭 몇 번만으로 간단히 물건을 살 수 있는 시대가 되었습니다. 수없이 많은 인터넷 쇼핑몰이 저마다 자극적인 문구와 저렴한 가격을 내세워 소비자를 유혹하고 있습니다. 그렇다 보니 순간의 충동으로 물건을 구매해놓고 뒤늦게 후회하는 일도 비일비재한데요, 문제는 환불이나 교환이 생각만큼 쉽지 않다는 데 있습니다.

상품의 포장을 뜯지 않아야 한다거나 일정 기간 내에 환불이나 교환을 요구해야 한다는 사실을 잘 몰라 그 시기를 놓치는 사람들도 많습니다. 때로는 환불을 요구하는 소비자의 요구에 "확인해보고 전화 주겠다"고 하고선 아무런 연락도 없고 전화를 해도 받지 않는 곳도 있습니다. 이러한 피해를 당하지 않으려면 소비자가 반드시 알아둬야 할 것에는 어떤 것들이 있을까요?

2. 환불받기 위한 절차

우선 물건을 구매하기 전에 해당 상품의 설명서나 공지사항 등을 반드시 확인해야 합니다. 어떤 경우에 교환이나 환불이 되고, 어떤 경우에 안 되는지를 꼼꼼하게 체크하여 불이익을 받는 일이 없도록 해야겠습니다.

직접 마주 보고 구매하는 것이 아니므로 공지된 내용은 약관으로서 역할을 하게 되며, 일단 물건을 구매하여 수령하면 특별한 사정이 없는 한 이 약관에 동의한 것으로 간주됩니다. 따라서 설명서나 공지사항이 있는 부분의 화면을 캡처하여 증거로서 확보해둘 필요가 있습니다.

물건을 받아본 후 마음에 들지 않으면 제품 수령 후 7일 이내에 환불이나 교환을 요구할 수 있습니다. 일단은 해당 업체에 연락하여 환불을 요구하고 만약 거절할 경우에는 환불을 요구했다는 근거 자료를 확보하기 위해 상담원의 이름을 확인한 후 상담원에게 "내용증명을 보내고 정식으로 공정거래위원회에 민원을 제기하겠다"는 의사를 밝히는 것이 좋습니다.

그 후 내용증명을 작성하여 해당 업체로 발송하고, 동시에 공정거래위원회 홈페이지에 접속해서 민원을 제기하면 도움을 받을 수 있습니다.

3. 내용증명우편

우체국에서 우편물의 내용을 서면으로 증명해주는 일을 내용증명이라 하고, 그 증명된 우편물을 내용증명우편이라 합니다. 내용증명우편 자체만으로는 어떤 법적인 효력이 있는 것은 아니지만 환불이 가능한 기간에 해당 업체에 이의를 제기했다는 사실을 증명해주는 법적 근거 자료로 활용할 수 있습니다.

내용증명을 작성하는 방법과 발송 절차를 간단히 살펴보도록 하겠습니다.

(1) 작성 요령

우선 A4 용지의 한쪽 면에 상대방에게 알리고자 하는 내용을 육하원칙에 따라 간단히 쓰시면 됩니다. 내용은 "언제 어떤 쇼핑몰에서 어떤 제품을 얼마에 구입했고 언제 수령했는데, 어떤 사유로 수령 후 언제 판매자에게 연락하여 몇 시경에 어떤 상담원과 통화하여 환불을 요구했으나 거절당했다. 그로 인해 내용증명을 작성하여 발송하니 만약 환불을 계속 거절할 경우에는 공정거래위원회에 민원을 제기하겠다"라는 식으로 작성하시면 됩니다.

또한 문서에는 발신인과 수신인의 성명과 주소를 반드시 기재하고 날인이 필요한 경우에는 날인한 후 2부를 복사하여 총 3부를 만듭니다. 이때 봉투에 기재한 주소와 원본 문서에 기재한 주소가 반드시 동일해야 하며 만약 다를 시에는 접수를 받아주지 않으므로 꼭 확인해야 합니다.

(2) 발송 절차

내용증명이 법적인 효력을 갖기 위해서는 발송할 주소가 사업자등록지의 주소와 일치해야 하므로 발송하기 전에 판매자의 사업자번호와 사업자등록지의 주소를 확인해야 합니다.

문서 작성을 완료하고 주소까지 확인했으면 복사본 2부와 원본 등 총 3부를 준비하고 봉투에 밀봉하지 말고 우체국에 가져가시면 됩니다.

소정의 증명 절차가 끝나면 원본은 수취인에게 발송하고 복사본 중 1부는 우체국에서, 나머지 1부는 본인이 보관하게 됩니다. 내용증명은 말 그대로 편지가 그러한 내용을 포함하고 있다는 사실을 증명해주는 것일 뿐, 수취인에게 제대로 도달되었는지 여부는 별개의 문제입니다. 따라서 보낼 때는 가장 빠른 등기우편으로 보내시는 것이 좋습니다.

4. 사례 분석

제품 구매 후 환불을 하고 싶어도 판매자에게 연락이 닿지 않는 경우에는 우선 정식으로 사업자등록이 돼 있는지 확인하고 사업자등록지의 주소로 내용증명을 보내는 것이 좋습니다. 그런 다음 공정거래위원회에 민원을 제기합니다. 그러면 전문가들이 사실관계와 관련법률을 검토한 후 그 결과를 구매자와 판매자에게 동시에 통보합니다. 보통 짧게는 1개월, 길어도 3개월 안에는 결과가 나옵니다. 이러한 통지를 받으면 원만히 해결하려 하는 것이 일반적이지만, 판매자가 끝까지 불복할 경우에는 소송으로 갈 수밖에 없습니다. 만약 소송까지 간다면 배보다 배꼽이 더 큰 형국이 되므로 구매자로서는 손해를 볼 수밖에 없는 상황이 생길 수도 있습니다.

신용카드를
분실한 책임은
어디까지 져야 할까?

노사인 씨는 발급받은 신용카드 뒷면에 서명을 하지 않고 갖고 있던 중 분실했다. 평소 사용하지 않던 카드여서 며칠이 지난 후에야 분실 사실을 알고 신고했으나, 이미 누군가가 그 신용카드로 100만 원을 인출했고, 수차에 걸쳐 300만 원 상당의 물품을 구입한 뒤였다. 이런 경우 노사인 씨가 구제받을 방법은 없을까?

법률 포인트_ 카드 사고

우리나라 사람들은 대개 신용카드를 1인당 몇 장씩 소유하고 있습니다. 은행이나 신용카드회사에 근무하는 지인의 권유 등으로 인해 본의 아니게 카드를 발급받는 일도 종종 있지요. 그런 경우에 함부로

폐기를 할 수도 없고, 평소 주로 쓰는 카드가 따로 있다면 관리 소홀로 인해 카드 사고가 일어날 가능성이 매우 높습니다.

이러한 카드 사고 중에는 분실로 인한 사고가 가장 많은데요, 술이 취해 지갑을 통째로 잃어버리는 등 분실하게 되는 경위도 다양합니다.

분실 사고가 일어나면 우선 카드회사에 분실 내지는 도난당했다는 사고 신고를 하게 됩니다. 그나마 분실 또는 도난을 당하자마자 즉시 신고를 했다면 피해액을 줄일 수 있습니다. 그러나 분실한지도 모른 채 상당한 시일이 지난 노사인 씨는 어디까지 그 손해를 감수해야 할까요?

 법률 풀이

여신전문금융업법에서는 이러한 카드 사고와 관련하여 노사인 씨와 카드회사 그리고 카드회사 가맹점의 책임 여부 및 그 한도를 규율하고 있습니다. 우선 카드회사는 카드 회원으로부터 그 카드의 분실·도난 등의 통지를 받은 때부터 그 회원에 대하여 그 카드의 사용에 따른 책임을 지게끔 되어 있습니다. 사고 통지를 받은 이후부터는 카드회사에서 사고 카드로 결제가 되지 않도록 적절한 조치를 취할 의무가 생기기 때문입니다.

그러므로 사고 통지가 늦어진 관계로 통지 전에 생긴 신용카드 사용은 카드회사가 책임질 문제는 아니나, 분실·도난 등의 통지를 받은 날부터 60일 전까지의 범위 내에서 카드회사가 그 책임을 지게 함으로써 분실·도난 등에 아무런 잘못이 없는 카드 회원이 일정 범위 안에서는 보호받을 수 있도록 해주고 있습니다.

이것을 반대로 보면 비밀번호 누설 등 분실·도난 등에 책임이 있는 카드 회원들까지도 보호해줄 필요성은 없다는 말이 됩니다. 그래서 보통 카드회사에서는 카드 발급 시 신용카드의 분실·도난 등에 대하여 그 책임의 전부 또는 일부를 신용카드 회원이 지도록 할 수 있다는 내용의 약관에 따른 책임을 지도록 하고 있습니다. 물론 이러한 내용의 약관은 특별한 경우가 아니면 대부분 유효합니다.

대부분 카드회사들의 약관에 따르면, 회원은 카드를 발급받은 즉시 카드 서명란에 본인이 직접 서명해야 하고, 이를 태만히 하여 발생하는 모든 책임은 회원에게 귀속된다고 규정하고 있습니다.

그리고 카드를 분실하거나 도난당한 경우에는 즉시 해당 약관 등에서 정한 방법에 따라 신고해야 하며, 회원은 분실·도난 신고 접수일로부터 60일 전 이후(현금인출, 현금서비스 등은 신고 시점 이후)에 발생한 제3자의 카드 부정사용 금액에 대하여는 회원의 일정한 과실사유를 제외하고 은행으로부터 보상을 받을 수 있다고 하면서, 다만 회원에게 일정한 과실사유가 있는 경우, 즉 미서명, 관리 소홀, 대여, 양도, 보관, 이용 위임, 담보 제공, 불법 대출 등으로 인한 부정사용의 경우에는 은행으로부터 보상을 받을 수 없다고 규정하고 있습니다.

사례 분석

이에 따르면, 100만 원의 인출 사고는 사고 신고 이전에 발생한 사고이므로 노사인 씨가 책임져야 함이 맞습니다. 남아 있는 문제는 300만 원 상당의 물품대금에 관한 것인데요, 위 물품대금이 사고 신고 시점으로부터 60일 전 이후에 결제된 것이라면 일단 노사인 씨의 책임이 아닌 카드회사가 책임질 금액이라고 하겠습니다만, 노사인 씨는 자신의 카드에 서명을 해두지 않았으므로 결국 노사인 씨가 책임져야 할 것입니다.

한편 신용카드 가맹점은 신용카드 거래를 할 때마다 신용카드상의 서명과 매출전표상의 서명이 일치하는지를 확인하는 등 당해 신용카드를 본인이 정당하게 사용하고 있는지를 확인해야 할 의무가 있습니다.

거래 관행상 가맹점에서 신용카드에 서명이 되었는지, 신용카드상의 서명과 매출전표상의 서명이 일치하는지를 확인하는 일은 매우 드뭅니다. 그러므로 결국에는 가맹점 또한 그 책임을 면할 수 없으므로 노사인 씨와 가맹점이 일부씩 그 책임을 져야 할 것이고, 그 구체적인 책임 비율은 제반 사정을 고려해 결정해야 할 것입니다.

계약 내용이 사실과 다른
상조 서비스 계약을
철회할 수 있을까?

나효자 씨는 부모님이 돌아가실 때를 대비해 최근 광고로 유명해진 상조 서비스에 가입하고 싶어 하던 중 때마침 집으로 방문한 조상님상조의 방문판매원의 가입 권유로 계약을 체결했다. 그런데 체결 후 얼마 되지 않아 그 계약 내용이 방문판매원이 말한 것과는 많이 다르다는 사실을 알았다. 그래서 위 계약을 없던 것으로 하고자 계약서에 적힌 조상님상조의 전화번호와 주소로 연락을 시도했지만 연락이 되지 않고 있다. 청약을 철회할 방법이 없을까?

법률 포인트_ 방문판매

상조회사는 불확실한 미래에 닥쳐올 관혼상제에 대비한 상품을 판매합니다. 최근에 광고를 통해 유명해지고 있지요. 얼마 전에는 어느 유명한 상조회사가 자사가 설령 폐업을 한다고 해도 소비자들은 상조보증을 통해 계약한 내용의 상조 서비스를 그대로 제공받게 된다고 광고했는데, 이것이 허위·과장광고로 판명된 바 있습니다. 상조회사가 폐업할 경우 상조회사를 대신하여 보증회사가 제공해줄 수 있는 상조 서비스 상품(장례에 필요한 관, 수의, 상복, 장의차 등 30여 개의 세부 상품)의 보증 범위가 극히 일부분이라는 사실이 드러났기 때문입니다.

상조 서비스 가입 계약은 주로 방문판매원의 가입 권유나 인터넷을 통해 체결되고 있습니다. 위 사례에서는 방문판매로 계약이 체결되었으므로 방문판매 등에 관한 법률의 적용을 받는다고 하겠습니다.

방문판매원의 말만 듣고 계약을 체결한 이후 너무 성급하게 계약을 한 것이 아닌가 후회가 들 때가 많습니다. 방문판매 등에 관한 법률은 성급하게 계약을 체결한 소비자들이 충분히 생각하고 난 후 그 계약을 체결할 필요가 없다거나 또는 계약 내용이 사실과 다를 경우 계약을 없던 것으로 할 수 있도록 그 근거규정을 두고 있습니다.

위 법률에 따르면 나효자 씨는 계약서를 교부받은 날부터 14일 이내에 그 계약에 관한 청약을 철회할 수 있습니다. 이와 달리 계약서를 교부받지 않았거나, 방문판매자 등의 주소 등이 기재되지 않은 계약서를 교부받은 경우 또는 방문판매자 등의 주소 변경 등의 사유로 정해진 기간 내에 청약철회 등을 할 수 없는 경우에는 그 주소를 안 날 또는 알 수 있었던 날부터 14일 이내에 철회가 가능합니다.

청약을 철회하기 위해 연락을 취한 상대방의 전화번호와 주소가 사실과 다르게 기재되어 있는 위 사례와 같은 경우에도 당연히 그 주소를 안 날 또는 알 수 있었던 날로부터 14일 이내에 철회할 수 있습니다.

청약철회는 구두로도 가능하지만, 서면으로 하는 경우에는 청약철회 등의 의사표시가 기재된 서면을 발송한 날에 그 효력이 발생하도록 되어 있습니다. 이와는 별도로 그 계약 내용이 표시·광고의 내용과 다른 경우에는 그 사실을 안 날 또는 알 수 있었던 날부터 30일 이내에 청약철회 등을 할 수 있습니다.

만일 나효자 씨가 매월 약정금원을 지급하는 도중에 계약 내용이 사실과 다른 것을 알고 철회를 하는 경우에는 상대방은 철회의 의사표시가 도달한 날로부터 3영업일 이내에 지급받은 대금을 환급해주어야 합니다. 또한 그 환급을 지연한 때에는 연 20%의 지연이자를 함께 가산하여 환급해주어야 합니다.

　　나효자 씨가 신용카드 등의 결제 수단으로 일시에 지급한 경우에
는 어떨까요? 이런 경우에는 상대방인 조상님상조는 지체 없이 신용
카드회사에 연락하여 그 대금 결제를 취소해줄 것을 요청하도록 되
어 있습니다. 다만 조상님상조가 신용카드회사로부터 이미 대금을
지급받았다면 지체 없이 이를 신용카드회사에 환급하고 그 사실을
나효자 씨에게 통지해야 합니다. 환급받은 신용카드회사는 지체없이
나효자 씨에게 환급해주어야 할 것입니다.

판결

　　위 사례는 계약 내용이 사실과 다른 경우이므로, 나효자 씨는 그
사실을 안 날 또는 알 수 있었던 날부터 30일 이내에 청약을 철회할
수 있습니다.

명의를 빌려주기만 했는데도 채무 변제 책임을 져야 할까?

정베프 씨의 친구는 개인 사정상 자신의 명의로 음식점 영업을 할 수가 없었다. 친구의 부탁으로 정베프 씨는 자신의 명의를 빌려주었다. 그런데 최근에 식재료 납품업자인 조식품 씨가 정베프 씨를 상대로 물품대금을 청구해왔다. 정베프 씨는 단순히 명의 대여자일 뿐인데 채무 변제 책임을 져야 할까?

법률 포인트 _ 명의 대여

세계 어느 곳을 살펴봐도 우리나라처럼 자신의 명의를 쉽게 타인에게 빌려주는 나라는 없는 것 같습니다. 대가를 받고 명의를 대여하는 경우도 있긴 하지만, 위 사례처럼 친구의 부탁이라서 차마 뿌리칠

수 없는 경우도 많을 것입니다.

명의를 빌려가는 쪽에서는 아무런 문제도 없을 것이니 걱정하지 말라고 합니다만, 정베프 씨의 명의로 음식점을 운영하는 것이고 보면 혹 무언가 잘못되면 누가 보더라도 그 운영 주체가 정베프 씨라고 여길 것이 분명합니다. 그래서 사례처럼 조식품 씨가 정베프 씨를 상대로 밀린 물품대금을 지급해달라고 요청하는 것이 이상한 일은 아니지요.

 법률 풀이

정베프 씨가 조식품 씨에게 할 수 있는 말은 "자신은 명의를 빌려주기만 했고, 실제 이 음식점은 친구가 운영한다"고 하는 것이 전부일 것으로 보입니다. 조식품 씨가 그 말을 수긍해주고 넘어가면 다행입니다만, 법 운운하면서 법적인 책임을 들고 나오면 참 당혹스럽기 그지없겠지요. 그러니 명의 대여에 관한 상법 규정을 찾아볼 수밖에 없는 일입니다.

상법에서는 "자기의 성명 또는 상호를 사용하여 영업을 타인에게 허락한 자는 자기를 영업주로 오인하여 거래한 제3자에 대하여 그 거래로 인하여 생긴 채무에 관하여 그 타인과 연대하여 변제할 책임이 있다"라고 규정해두고 있습니다.

이에 따르면 정베프 씨는 자기의 성명 또는 상호를 사용해 영업을 타인에게 허락한 자가 됩니다. 정베프 씨는 자신의 친구가 정베프 씨의 명의로 음식점 영업을 할 수 있도록 해달라는 부탁을 들어주었기 때문이지요. 이 경우 정베프 씨를 영업주로 오인하여 거래한 제3자는 조식품 씨가 될 것인데, 조식품 씨가 정베프 씨에게 그 책임을 묻기 위해서는 정베프 씨를 실제 영업주로 알고 있어야 합니다.

만일 정베프 씨를 영업주로 알고 있지 않고 실제 그 친구가 영업을 하고 명의만 정베프 씨에게 빌린 사실을 알고 있었다면 정베프 씨에게 물품대금을 청구할 수 없습니다. 실제 영업주가 정베프 씨가 아니라는 사실을 알고 있는 마당에 조식품 씨가 정베프 씨에게 책임을 물을 수는 없기 때문입니다.

조식품 씨가 정베프 씨에게 책임을 묻는다고 정베프 씨의 친구는 책임이 완전히 없어지는 것은 아닙니다. 실제 영업을 한 사람은 정베프 씨의 친구이므로 정베프 씨와 함께 조식품 씨에게 책임을 져야 합니다. 그러므로 실제로 이런 일이 벌어지면 조식품 씨는 정베프 씨뿐만이 아니라 정베프 씨의 친구에게 함께 물품대금 청구소송을 제기하는 것이 보통입니다.

위 소송에서 만일 조식품 씨가 실제 영업주는 정베프 씨의 친구라는 사실을 알면서도 단순 명의 대여자인 정베프 씨에게까지 소송을 제기한 것이라면, 조식품 씨가 정베프 씨의 친구가 실제 영업주라는 사실을 알고 있었다는 점을 정베프 씨가 입증해야 합니다. 그래야만 책임에서 벗어날 수 있습니다.

설사 조식품 씨가 정베프 씨의 친구가 실제 영업주라는 사실은 몰랐지만, 약간의 주의를 기울였더라면 충분히 알 수 있었다면 이 경우에도 정베프 씨가 그러한 사정을 입증하는 순간 역시나 채무 변제 책임에서 벗어날 수 있습니다.

가령 식자재 납품업자와 주고받은 명함에 친구의 이름이 그 음식점의 사장으로 되어 있고 종업원들 역시 정베프 씨의 친구를 사장님으로 부르는 반면, 음식점 허가증만 정베프 씨의 이름으로 되어 있는 경우를 생각해볼 수 있습니다.

이런 경우에는 조식품 씨가 정베프 씨의 친구를 실제 영업주로 알고 있는 것과 다를 바 없기 때문에 정베프 씨에게 책임을 묻지 못합니다.

판결

그러므로 조식품 씨가 실제로는 정베프 씨의 친구가 위 음식점을 경영하고 있고 정베프 씨는 명의만 대여해준 사실을 몰랐거나, 약간의 주의를 기울였더라도 알 수 없었다면 정베프 씨는 조식품 씨의 물품대금 청구에 책임을 져야 할 것입니다.

냉장고 할부계약을
철회할 수 있을까?

왕변덕 씨는 판매상 김가전 씨한테서 냉장고를 6개월 할부로 구입했다. 그런데 왕변덕 씨는 에어컨을 인도받은 후, 할부매매청약을 철회하고 싶어졌다. 그래서 왕변덕 씨은 3회까지 할부금을 지급했으나, 그 후 연 3회에 걸쳐 할부금을 지급하지 않았다. 왕변덕 씨는 할부매매청약을 철회할 수 있을까?

법률 포인트_ 할부거래

요즘에는 생활용품을 대부분 카드 할부로 구입합니다. 그러다 보니 충동구매도 빈번해지고 있습니다. 구매를 하고 집으로 돌아와서 곰곰이 생각해보니, 지금 당장 필요한 것은 아니라는 생각이 들 때도 있습니다. 그래서 구매처에 득달같이 달려가 없던 것으로 해달라고 하지만, 판매처에서는 그럴 수 없다고 잘라 말합니다.

할부계약에 의한 거래도 공정하게 이루어져야 하는 것은 당연한 일인데요, 구입한 지 1시간도 안 되었음에도 철회가 받아들여지지 않는 것이 공정하다고 생각할 분은 없을 것입니다. 그래서 할부거래도 공정하게 이루어져야 한다는 취지에서 '할부거래에 관한 법률'이 만들어졌습니다.

 법률 풀이

할부거래에 관한 법률은 구매자가 카드회사에 목적물의 대금을 2개월 이상의 기간에 걸쳐 3회 이상 나누어 지급하고, 그 대금을 완납하기 전에 판매자에게 목적물의 인도 등을 받기로 하는 계약에 적용됩니다.

왕변덕 씨는 6개월 할부로 물품을 구매했으므로 2개월 이상의 기간에 걸쳐 3회 이상 나누어 지급하는 경우에 해당하고, 대금 완납 전에 냉장고를 인도받았으므로 위 사례는 할부거래에 관한 법률이 적용되는 전형적인 사례라 할 수 있습니다.

할부거래에 관한 법률에 따르면, 일반적으로 구매자는 계약서를 교부받은 날 또는 계약서를 교부받지 않은 경우에는 물건을 받은 날부터 7일 이내에 할부계약에 관한 청약을 철회할 수 있습니다.

구매자가 계약에 관한 청약을 철회하려면 위 7일이라는 기간 내에 판매자에게 철회의 의사표시를 기재한 서면을 발송하여야 합니다. 보통은 철회의 뜻이 담긴 서면이 상대방에게 도달한 때 효력이 발생하는데, 할부거래에 관한 법률에서는 서면을 발송한 날에 효력이 발생하는 것으로 규정하고 있습니다.

서면으로 철회를 해야 하며 구두로 하는 철회는 효력이 없다는 점은 유념해야 할 사항입니다. 또한 구매자의 잘못으로 물건이 멸실 또는 훼손된 경우에는 청약을 철회할 수 없습니다.

만일 물건을 구입하면서 구매자는 계약서를 받지 않았다고 하는데 판매자는 계약서를 분명 건네주었다고 한다든지, 물건을 받은 것에 대하여도 서로 다툼이 있는 경우에는 판매자가 계약서를 교부한 사실 및 시기, 목적물을 인도한 사실 및 시기를 입증해야 합니다. 판매자가 계약서를 준 사실을 밝히지 못한다면, 구매자가 계약서를 교부받지 못한 것으로 인정되는 것이지요.

그런데 모든 물건에 대하여 할부계약에 관한 청약을 철회할 수 있는 것은 아닙니다. 사용으로 인해 그 가치가 현저히 감소할 우려가 있는 물품이라든지, 설치에 전문 인력 및 부속자재 등이 필요한 물건은 구매자가 철회권을 행사할 수 없습니다.

사용으로 인해 그 가치가 현저히 감소할 우려가 있는 것으로는 자동차, 냉장고, 세탁기, 낱개로 밀봉된 음반·비디오물·소프트웨어를 들 수 있습니다. 설치에 전문 인력 및 부속자재 등이 필요한 물건으로는 냉난방기, 보일러 등을 들 수 있습니다.

또한 신용카드를 사용하여 할부거래를 하는 경우에는 가격이 20만 원 이하라면 철회권을 행사할 수 없습니다.

판결

위 사례에서 왕변덕 씨는 사용으로 인해 그 가치가 현저히 감소할 우려가 있는 냉장고를 인수받은 후이므로, 철회권을 행사할 수 없습니다. 물론 인수받기 전이라면 서면으로 철회가 가능합니다.

06 도용당한 상호를 사용하지 못하게 할 수 있을까?

나먼저 씨는 아주 오랫동안 '영계삼계탕' 이라는 상호로 음식점을 경영해왔고 '영계삼계탕' 은 그 인근에서 모르는 사람이 없을 정도다. 그런데 최근 같은 간판을 건 음식점이 두 곳이나 생겼다. 이 경우 나먼저 씨는 어떻게 하면 '영계삼계탕' 이라는 상호를 타인이 사용하지 못하게 할 수 있을까?

법률 포인트_ 상호 도용

모든 사람에게 이름이 있는 것처럼 영업을 하는 모든 영업점에도 상호가 있습니다. 지방 국도를 지나다 보면 많이 본 듯한 이름의 음식점을 볼 수 있는데, 유명인의 명성을 활용하고자 하는 의도임을 쉽게 알 수 있습니다. 일반 소비자들이 '유명인이 하는 것이므로 보통 음식점보다 신뢰할 수 있다'고 생각하는 점을 노린 것이지요. 그렇다 보니 어느덧 이름값이 매출액을 좌우할 정도에 이르게 되었습니다.

이름이나 브랜드가 무형의 재산적 가치가 되고 있는 셈입니다. 영업 활동에 중요한 역할을 하는 상호는 그래서 매우 중요합니다. 상호에는 영업주의 명성과 신용이 드러나 있으므로 그 자체에 재산적 가치가 있다고 인정하는 것이지요. 그래서 타인의 상호를 몰래 사용하는 것은 절도 행위와 다를 바 없습니다.

법률 풀이

나먼저 씨의 상호를 몰래 사용하는 사람이 나먼저 씨에게 이렇게 항변할지도 모릅니다. '영계삼계탕'이라는 상호가 당신 것이라는 증거가 있느냐고 말입니다. 영계삼계탕이 나먼저 씨가 사용해온 상호임은 인근 사람들은 누구나 다 아는데, 막상 그렇게 따지고 드니 참 난감합니다. 일일이 인근 사람들을 찾아가 영계삼계탕이 내 상호라는 사실을 확인해달라고 하는 것도 남우세스러운 일이기 때문입니다.

이런 경우를 대비하여 미리 '영계삼계탕'이라는 상호를 등기해두는 방법이 있습니다. 등기는 상호에 있어서 호적과도 같습니다. 호적에 내 이름이 버젓이 올라가 있다면 누구라도 그 이름이 본인의 것임을 인정하는 것과 같이, '영계삼계탕'을 등기해놓으면 그것으로 갑의 상호라는 사실이 인정되는 것이니까요.

그런데 누군가가 본인의 상호를 몰래 사용할 것이라고는 생각하지도 못했을 것입니다. 더군다나 나먼저 씨가 '영계삼계탕'을 열었을 때, 지금처럼 장사가 잘되리라는 생각도 하지 못했을 것입니다. 그래서 '영계삼계탕'이라는 상호를 등기해야겠다는 생각을 하지 못했을 수도 있습니다. 그렇게 시간이 흘러 제법 유명해지자 본인의 상호를 몰래 사용하는 사람이 생기기 시작한 것입니다. 별 볼 일 없는 음식점이라면 아무도 그 상호를 거들떠보지 않았을 테니까요.

나먼저 씨가 설사 등기를 하지 못했더라도 '영계삼계탕'이 나먼저 씨의 상호임은 분명합니다. 그래서 보호를 받을 수 있는 것인데, 미리 등기한 경우와 비교해보면 몇 가지 차이가 있습니다.

'영계삼계탕'이라는 상호를 등기한 경우, 이를 몰래 사용하는 음식점은 부정한 목적으로 같은 상호를 사용한다고 추정받게 됩니다. 부정한 목적이란 일반 소비자들로 하여금 '영계삼계탕' 집으로 오인하게 하여 영업활동을 하고자 하는 의도를 말합니다.

그래서 '영계삼계탕'이라는 상호를 등기해놓은 경우에는 갑은 상대방의 부정한 목적을 입증하지 않아도 되고, 오히려 상대방이 자신에게 '부정한 목적'이 없었다는 사실을 입증해야 합니다. 그러나 그것이 말처럼 수월하지는 않을 것입니다. 떳떳했다면 남의 상호를 몰래 사용할 리가 없기 때문입니다.

또 등기를 해놓은 경우에는 손해를 받을 염려가 있다는 것도 입증하지 않아도 되는 이점이 있습니다. 상호를 등기해놓았다는 것 자체가 누군가 상호를 무단으로 사용할 경우 손해를 받을 염려가 있음을 입증하는 것이 되기 때문입니다.

판결 

상호를 등기해놓은 경우, 나먼저 씨는 당연히 자신의 허락 없이 '영계삼계탕'이라는 이름으로 영업하는 영업주로 하여금 '영계삼계탕' 상호를 더 이상 사용하지 못하게 할 수 있습니다.

등기를 해놓지 않았다고 하더라도 결과는 마찬가지입니다. 다만 이 경우에는 부정한 목적과 손해를 받을 염려가 있다는 것을 입증해야 하는 수고스러움이 남습니다만, 나먼저 씨가 오랜 기간 '영계삼계탕'을 상호로 사용해왔다면 다른 영업주들이 나먼저 씨의 허락 없이 '영계삼계탕' 상호를 사용하는 것은 부정한 목적으로 사용한 것으로 충분히 볼 수 있고, 또 손해를 받을 염려가 있다는 것도 충분히 설명되기 때문입니다.

07

FC가 설명한 내용이
보험약관과 달라요

나호갱 씨는 지인인 보험왕 씨가 FC로 있는 보험회사와 보험계약을 체결했다. 나중에 나호갱 씨는 보험계약 체결 당시 보험약관에 기재된 내용과 보험왕 씨가 구두로 설명한 내용이 다르다는 사실을 알았다. 보험금 지급 사유가 발생할 경우 나호갱 씨는 보험왕 씨가 설명한 내용에 따라 보험금을 지급받을 수 있을까?

법률 포인트_ 보험계약

보험계약은 지인을 통해 체결하는 경우가 대부분인데요, 이럴 경우에는 보험회사가 내놓은 상품에 대한 설명 역시 지인의 입을 통해서 듣게 마련입니다. 일반적으로 지인이 설명하는 사항을 대충 듣기만 할 뿐 보험약관을 꼼꼼히 검토하는 사람은 많지 않습니다. 추후에 사고가 나면 보험회사는 보험약관에 따라 처리한다는 답변을 하리라는 것은 너무나 자명한 일인데도 말이지요.

FC의 설명이 약관과 차이가 없으면 그나마 다행이긴 합니다. 그러나 만일 약관 내용으로는 보장받을 수 없는데도 FC가 보장된다고 설명해 보험계약을 한 경우에는 법적 분쟁으로까지 번질 수도 있습니다.

 법률 풀이

이러한 일을 방지하기 위해서 상법에서는 보험계약 시에 보험약관을 교부하고 약관의 주요 내용을 반드시 알려주도록 규정하고 있습니다. 만일 약관과 다른 내용으로 보험계약을 설명하고, 이에 따라 보험계약을 체결했다면 그때 설명한 내용이 보험계약의 내용이 되고, 그 한도 내에서 약관의 내용은 적용이 배제되도록 정하고 있습니다.

그래서 만일 보험사고가 난 경우에는 약관의 내용이 아닌 당시 설명한 내용에 따라 보험 혜택을 받으면 될 일입니다. 그렇지만 막상 보험사고가 나면 보험왕 씨는 자신은 약관의 내용과 다르게 보험 내용을 설명한 사실이 없다고 발뺌을 할 것입니다. 답답한 노릇이지요.

여기에 계약 체결 당시 '나호갱 씨가 약관을 읽어보았다'는 확인서에 자필로 서명한 것도 있고, 보험계약을 체결한 다음 보험회사 콜센터 직원이 확인 전화를 걸어 약관을 꼼꼼히 읽어보았느냐고 물었을 때 그렇다고 답변한 것도 녹음이 되어 있으니, 나호갱 씨로서는 막막하기 그지없는 심정일 겁니다.

나호갱 씨는 보험왕 씨가 잘 아는 지인이므로, 약관에 대한 설명을 잘 들었느냐는 질문에 사실대로 잘 안 들었다고 대답을 하면 보험왕 씨가 회사로부터 책임 추궁을 당할지도 모른다는 생각에 그렇게 대답한 것뿐인데, 그것이 부메랑이 되어 돌아오니 속이 상할 대로 상할 수밖에요.

결국 나호갱 씨가 보험 혜택을 받기 위해서는 보험계약 체결 당시 약관의 내용과 다른 내용을 들었다는 사실을 입증하여야 합니다. 그러나 앞서 언급한 바와 같이 그것은 사실상 어렵다고 보아야 합니다.

그래서 보험계약을 체결하기 전에 약관을 먼저 받고, 그런 연후에 약관의 내용을 훑어본 후, FC를 만나 보험 상품에 대하여 설명을 듣는 것이 좋습니다. 설명을 충분히 듣고 난 후 다시 약관의 내용과 비교해보고, 차이가 있는 경우에는 다시 FC에게 충분한 설명을 요구해야 합니다.

혹 FC가 "그건 약관에만 그렇게 되어 있을 뿐이고, 실제로는 그렇지 않아. 다 보장된다고"라고 말한다면 그 보험계약은 체결하지 않는 것이 좋습니다. 법에서 규정하는 내용과 전혀 다른 내용을 이야기하고 있기 때문이지요.

그래도 계약을 체결한 경우에는 모든 불이익을 본인이 져야 한다고 생각하는 것이 좋습니다. 보험 상품은 대량으로 유통되는 것이므로 어느 계약자에게만 약관 내용과 다른 보험 상품을 팔 이유가 전혀 없기 때문입니다.

판결

나호갱 씨는 보험왕 씨와 보험계약을 체결할 당시 보험왕 씨가 보험약관과는 다른 내용을 설명하여 계약을 체결했다는 것을 입증해야 합니다. 그러지 못하면 보험왕 씨가 설명한 내용에 따라 보험금을 지급받을 수는 없습니다.

08

어머니 동의 없이도 어머니의 사망을 보험사고로 할 수 있을까?

친구인 보험모집인이 정솔깃 씨에게 어머니의 사망 시 보험금을 받을 수 있는 생명보험에 가입하라고 권유했다. 어머니의 동의 없이 생명보험에 가입해도 나중에 보험금을 수령하는 데 아무런 문제가 없다면서 보험 가입을 자꾸만 재촉했다. 정말 당사자의 동의 없이 당사자의 사망을 보험사고로 하는 생명보험을 가입해도 과연 아무런 문제가 없을까?

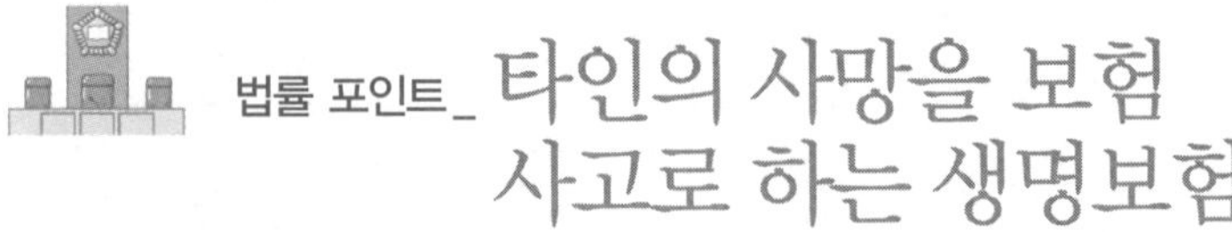

법률 포인트_ **타인의 사망을 보험 사고로 하는 생명보험**

보험(保險)은 말 그대로 위험으로부터 보호해주는 역할을 합니다.

그래서 위험의 내용이 확정되고 큰 문제가 없다면 위험에 따른 보험료가 책정되고 드디어 보험 상품이 출시됩니다. 그런데 보험 내용이 범죄행위를 유발할 가능성이 매우 높은 경우에는 그 요건을 강화해 보완하거나 그 보험 내용으로는 보험 상품이 나오지 못하게 할 수도 있습니다.

가령 위 사안처럼 어머니의 동의 없이 어머니의 사망을 보험사고로 하는 생명보험을 가입할 수 있다면 어머니는 범죄행위의 대상이 될 가능성이 현저히 높아집니다. 어머니만 돌아가시면 거액의 보험금을 받을 수 있기 때문입니다. 더욱이 어머니는 자신의 사망이 보험의 대상인 줄도 전혀 모릅니다. 이런 상황에서는 자식이 보험금을 노리고 어머니의 생명을 위협할 수도 있습니다.

그래서 타인의 사망을 보험사고로 하여 생명보험에 가입하는 경우에는 본인의 동의를 받도록 정하고 있습니다. 구두 동의도 허용하지 않고 반드시 서면 동의를 받아야 합니다. 서면 동의를 받는 시기 역시 보험계약 체결 시까지로 한정하고 있습니다. 만일 보험계약 체결 시로 정하지 않고 보험금 지급 시기까지로 정하면 그 사이에 피보험자에게 서면 동의서를 받은 다음 피보험자의 생명을 해칠 여지가 얼마든지 있기 때문입니다.

그래서 타인의 사망을 보험사고로 하는 생명보험은 체결 요건이 보통의 보험보다 훨씬 엄격합니다.

 법률 풀이

　그렇게 하여 체결된 생명보험이라 하더라도 어머니가 온전히 당신의 명대로 산다는 보장이 없기는 마찬가지입니다. 보험금을 받을 목적으로 고의로 어머니를 살해하는 등의 도덕적 해이는 얼마든지 있을 수 있기 때문입니다.

　실제로 어머니를 살해하여 보험금을 편취할 목적으로 어머니의 사망을 보험사고로 하고, 본인과 본인의 형제들을 그 보험금의 수령권자로 하는 생명보험계약이 체결된 적이 있습니다만, 어머니를 살해한 당사자가 보험금을 받을 수 없는 것은 지극히 당연한 일입니다.

　대법원에서는 어머니를 살해한 자식뿐 아니라 나머지 형제들도 보험금을 수령할 수 없다고 했습니다. 다른 형제들은 비록 어머니의 사망사고에 관여하지 않았다고 하더라도 그 생명보험은 아예 처음부터 무효라고 본 것이지요. 타당한 판결입니다.

　처음부터 어머니를 살해해서 보험금을 받을 목적으로 보험계약을 체결한 것인데, 그 살인행위에 관여하지 않았다고 해서 보험금을 지급하는 것은 바람직하지 않은 일로 판단되기 때문입니다.

　위 사례에서 정솔깃 씨가 자신의 어머니의 사망을 보험사고로 하는 생명보험계약을 체결하기 위해서는 어머니의 서면 동의를 받아야 할 것입니다. 그러한 서면 동의 없이 생명보험계약을 체결한다면 그 계약은 무효가 될 것입니다.

4장

차는 몰 때도 조심
탈 때도 조심

음주운전 차량에 탔다가 사고가 나면 동승자는 손해배상을 받을 수 있을까?

오랜만에 군대에서 휴가 나온 나군발 군. 친구들과 즐겁게 한잔 한 후 만취 상태인 곤드레 군이 운전하는 차량에 동승했다. 하지만 음주운전을 하던 곤드레 군은 그만 가로등을 들이박고 말았다. 곤드레 군은 나군발 군을 좋은 마음으로 그냥 태워준 것인데, 곤드레 군의 차를 공짜로 얻어 탔음에도 나군발 군은 곤드레 군에게 사고에 대한 피해를 보상받을 수 있을까?

법률 포인트_ 호의 동승

'호의 동승'이란 말 그대로 운전자가 아무런 대가를 받지 않고 좋은 마음으로 그냥 태워주는 것을 말합니다. 퇴근 시 같은 방향의 동료를 태워준다거나, 마을 어귀에서 만난 동네 어른을 태우고 운행하는 경우 등이 이에 해당합니다.

아무런 사고 없이 목적지까지 도착한다면야 더할 나위 없이 좋겠지만 만에 하나라도 사고가 발생하면 운전자는 동승자에게 손해를 배상해야 하는 상황이 생길 수도 있습니다. 호의 동승한 차량이 사고가 나고 동승자가 다치거나 사망한다면 당연히 가해자에게 손해배상을 요구할 수 있습니다.

이 경우 보험에 가입된 차량이라면 보험회사가 일차적인 책임을 지게 됩니다만, 이윤을 추구하는 보험회사의 특성상 되도록 보험금을 적게 주려고 할 것입니다. 실제로 보험회사는 호의 동승자에게 '운전자가 안전하게 운전하도록 옆에서 돕지 않았다' 는 이유로 20% 정도의 과실을 묻고 있습니다.

우리 민법도 손해배상과 관련하여 과실상계라는 것을 인정하고 있습니다. 가해자로 하여금 손해배상책임을 부담하도록 하면서도(민법 제750조) 그 배상액을 정함에 있어서는 피해자 측의 과실도 함께 참작하게 하는 것입니다(민법 제763조). 이는 불법행위로 인한 손해를 가해자와 피해자에게 공평하게 분담시키기 위한 것입니다. 그렇다면 호의 동승 자체가 피해자의 과실에 해당할까요?

 **법률 풀이**

이 사례와 관련하여 대법원의 판례를 살펴보면 '단순히 호의 동승했다는 사실만으로는 피해자에게 과실이 있다고 할 수 없다'는 입장을 취하고 있습니다.

다만 동승자와 운전자의 인적 관계나 운행 목적, 동승하게 된 경위 등을 참작하여 모든 책임을 운전자에게 지우는 것이 부당하다고 여겨지면 감액을 인정하고 있습니다. 가령 우연히 방향이 같아 태워 주는 길이었다면 0~10%, 동호회 모임에 같이 가는 길이었다면 10~20%, 함께 관광을 가는 길이었다면 15~25% 정도 감액하고 있습니다.

호의 동승한 사람의 과실 비율이 대폭 높아지는 경우가 있습니다. 바로 음주운전 차량에 호의 동승하는 경우입니다. 음주운전 차량에 호의 동승하면 보험회사는 무조건 과실이 50% 이상이라고 주장하지만, 법원에서는 대체로 30~40%가량으로 봅니다. 음주운전 차량은 사고가 날 가능성이 높으니 그런 위험한 차에 탄 것은 동승자의 잘못이라는 것입니다. 물론 싫다는 운전자를 억지로 운전하게 하여 사고가 일어난 경우에는 과실을 그 이상으로 보기도 합니다.

반면 음주운전을 하는 줄 모르고 탑승했다면(가령 자신도 만취 상태인 경우) 과실을 인정할 수 없겠지만 이를 입증하는 것이 쉽지 않습니다.

음주운전 차량에 호의 동승했을 때 중요하게 살피는 것은 음주운전인 것을 알았는지, 운전자와 같이 술을 마셨는지, 음주 수치는 얼마였는지, 어디로 가는 길이었는지 등입니다.

판결 

결론부터 말하면 나군발 군은 100% 보상은 받기 힘듭니다. 운전자인 곤드레 군과 친구 사이일 뿐만 아니라 음주 사실을 이미 알고 있었기 때문입니다. 물론 음주 사실을 몰랐다고 주장할 수도 있겠지만 현실적으로 받아들여지기는 어렵습니다.

음주운전은 해서도 안 되고 음주운전하는 차에 타서도 안 된다는 것을 명심해야 합니다.

대리운전자가 낸 교통사고는 누구 책임일까?

신 나게 회식 후 만취 상태로 대리운전을 부른 박 과장. 집에 거의 다 도착했다고 생각했는데 갑자기 '꽝' 소리가 들린다. 초보 대리운전자가 접촉사고를 낸 것이 아닌가. 이럴 땐 누구의 책임일까?

법률 포인트_ 대리운전

음주운전의 위험성은 아무리 강조해도 지나치지 않습니다. 그 때문인지 요즘은 대리운전업체가 우후죽순처럼 난립하고 있습니다. 저마다 최저 가격을 제시하며 손님을 유치하기 위해 경쟁하다 보니 크고 작은 사고가 끊이지 않고 발생하고 있습니다.

난폭운전으로 차량을 파손하는가 하면 대리운전자 보험에도 가입하지 않고 버젓이 영업을 하면서 차주가 술에 취해 상황 대처 능력이 떨어진다는 것을 악용해 사고 발생 시 도주하는 일까지 일어나고 있습니다.

많은 사람들이 이러한 사고가 발생하면 당연히 대리운전자 측에서 모든 책임을 질 것이라고 생각합니다. 과연 그럴까요?

 법률 풀이

1. 자동차보험의 종류

자동차보험에는 대인배상 I (의무 가입), 대인배상 II, 대물배상(의무 가입), 자기신체사고, 무보험차상해, 자기차량손해 보험 등이 있습니다.

타인을 다치게 하거나 사망케 한 경우에 자동차손해배상보장법이 정한 한도 내에서 손해를 보상하는 것이 대인배상 I 이고, 이를 초과하는 부분에 대해 보상하는 것이 대인배상 II 입니다. 대물배상은 상대방 차량이 입은 손해를 보상하는 보험이고, 자기신체사고나 무보험차상해 그리고 자기차량손해 보험 등은 운전자 자신에게 발생한 손해를 보상받을 수 있는 보험입니다.

흔히 책임보험이라고 지칭하는 것은 대인배상 I 을 뜻하고, 종합보험은 무조건 가입해야 하는 의무보험(대인배상 I 과 대물배상 1천만 원) 이외에 위에서 언급한 임의보험을 함께 가입한 것을 말합니다.

2. 대리운전자 보험에 가입한 경우

대리운전자 보험은 다른 사람의 차량을 대리운전 하던 중 발생한 사고에 대한 배상 책임과 대리운전자의 신체 손해 및 대리운전 차량에 발생한 손해를 담보하는 보험입니다. 이러한 대리운전자 보험으로 보상받기 위해서는 반드시 차주가 책임보험에 가입되어 있어야 합니다.

차주는 책임보험에 가입하는 것이 일반적이므로 책임보험의 보장 범위 안에서 사고가 난 경우에는 책임보험으로 처리하면 될 일입니다. 그러므로 대리운전자보험도 책임보험의 보장 범위를 초과한 손해를 보상하는 것을 그 내용으로 하고 있습니다.

대리운전자가 대리운전을 하는 경우, 대리운전을 하게 될 당해 차량이 책임보험에 가입하였는지 여부를 바로 알 수는 없습니다. 만약 그 차량이 책임보험에 가입되어 있는 경우에는 책임보험의 보장 범위 안에서 보험회사가 보험 처리를 하게 됩니다. 이와 달리 책임보험에 가입되어 있지 않은 경우에는 자동차손해배상보장사업의 일환으로 국가에서 책임보험에 해당하는 범위 안에서 대신 처리해주고, 추후에 차주에게 구상권을 행사하게 됩니다. 국가가 일단 차주 대신 피해자에게 손해를 배상해준 다음 차주에게 구상권(求償權, 다른 사람을 위하여 그 사람의 빚을 갚은 사람이 다른 연대채무자나 주된 채무자에게 상환을 요구할 수 있는 권리)을 행사함으로써 반환받는 것입니다.

결국 차량이 책임보험에 가입되어 있는지 여부에 관계없이 피해자가 책임보험의 범위 안에서 배상을 받는 점은 마찬가지라고 하겠습니다. 그리고 책임보험의 보장 범위를 초과하는 손해는 대리운전자보험을 통해 배상을 받을 수 있습니다.

대리운전자가 교통사고를 내면 사고 피해자는 대리운전자나 자동차 소유자 어느 쪽에 대해서든 손해배상을 청구할 수 있습니다. 그러나 대리운전자와 자동차 소유자의 관계에서는 그 배상 책임이 대리운전자에게 있으므로 대인사고가 아니라면 대리운전자 보험으로 처리하는 것이 원칙입니다.

사람이 죽거나 다친 경우에는 현행 보험약관상 차주의 책임보험에서 1차로 보험금을 지급하고, 한도를 넘는 금액만 대리운전자 보험에서 부담하도록 되어 있습니다.

따라서 차주가 사고자에게 배상을 한 경우에는 대리운전업체(또는 그 보험사)를 상대로 배상한 금액에 대한 구상권을 행사할 수 있습니다.

3. 대리운전자 보험에 가입하지 않은 경우

대리운전자 보험에 가입되어 있지 않은 경우 대인배상 I 은 차주의 보험에서 보상하지만 보험에서 보장하는 액수를 초과하는 손해액은 보험 처리가 안 되며, 사고 피해자는 차주와 대리운전자 모두에게 손해배상을 청구할 수 있습니다. 물론 차주가 피해자에게 우선적으로 보상을 한 경우에는 차주가 대리운전자에게 구상권을 행사할 수

있습니다. 그러나 대리운전자가 손해배상을 할 능력이 없다면 결국
은 차주가 모든 책임을 떠안게 되므로 대리운전을 이용할 때는 반드
시 보험 가입 여부를 확인해야 합니다.

판결

만약 사람이 다친 경우에는 박 과장의 책임보험으로 처리가 되고,
파손된 차량의 수리비를 포함한 나머지 부분은 대리운전자 보험으로
보상이 됩니다.

그러나 대리운전자가 보험에 가입하지 않았다면 현실적으로 박
과장이 모든 책임을 떠안을 가능성이 높습니다. 따라서 대리운전을
이용할 때는 보험에 가입된 업체인지를 반드시 확인해야 하며, 대리
운전을 자주 이용하는 사람이라면 대리운전 특약에 가입하는 것도
고려해볼 만합니다. 대리운전 특약에 가입하면 대리운전자가 보험에
가입되어 있지 않더라도 대리운전 사고 시 보상을 받을 수 있습니다.

교통사고 후
메모만 남겨뒀는데,
뺑소니가 될 수 있나?

골목길을 운전하던 중 지나가던 행인을 살짝 친 김 사장. 피해자의 상태가 별로 나빠 보이지 않아 메모만 건네주고 자리를 떴다. 혹시 이것도 뺑소니가 될까?

법률 포인트 _ 뺑소니

교통사고를 일으킨 운전자가 사고 현장을 방치하고 도주하는 이른바 뺑소니 교통사고는 해마다 증가하고 있고 그 피해 또한 상당합니다. 여기서 뺑소니란 피해자의 구호(救護, 재해나 재난 따위로 어려움에 처한 사람을 도와 보호함)와 사고를 신고하는 조치를 취하지 않고 도주하거나, 피해자를 사고 장소에서 옮겨 유기하고 도주하는 것을 말합니다.

피해자 입장에서는 사고를 당한 것도 힘든데, 가해자를 찾지 못해 제대로 보상을 받지 못하는 등 여러 가지 피해를 입을 수밖에 없습니다. 이처럼 날로 늘어나는 피해를 막고자 뺑소니범에 대한 처벌을 강화하는 한편 피해자 보상을 위한 제도를 함께 시행하고 있습니다.

피해자를 사망케 하고 도주하거나 도주 후 피해자가 사망한 경우에는 무기 또는 5년 이상의 징역형에, 부상을 입히고 도주하거나 유기한 후 도주한 경우에는 1년 이상의 유기징역 또는 500만~3000만 원 이하의 벌금형에 처해집니다.

또한 위 두 경우에는 4년(음주·약물 도는 무면허에 의하여 사람을 사상한 후 도주 또는 유기한 경우에는 5년) 동안 면허가 취소됩니다.

그렇다면 어떠한 경우에 뺑소니 범죄가 성립할까요?

먼저 뺑소니가 성립하기 위해서는 가해자가 사고 자체를 인식해야 합니다. 그렇지만 음주운전이라서 판단이 불가능했다거나 뭔가 덜컹하긴 했는데 그게 사람인 줄은 몰랐다고 주장해도 이 경우에는 뺑소니에 해당합니다.

또한 사고를 낸 사람이 현장을 떠나지는 않았지만 구급차나 경찰이 출동했을 때 자기가 사고를 낸 사람이라고 적극적으로 나서지 않고, 목격자나 구경꾼인 것처럼 행세하면서 피해자가 실려 가는 것을 구경만 하거나 옆에서 조금 거들기만 하는 경우에도 뺑소니에 해당합니다.

그리고 피해자를 병원으로 데려다주기만 하고 자신의 연락처를 남기지 않고 가거나, 비록 현장에서는 경미한 상처만 입은 것으로 보여 그냥 갔으나 실제로는 사고 규모가 큰 경우(일정한 시간이 흐른 후에야 비로소 부상의 심각성이 나타날 수 있으므로), 그리고 피해자가 가도 된다는 얘기를 하지 않았는데 인적사항만 알려주고 그냥 간 경우에도 뺑소니가 성립합니다.

주의할 것은 100% 상대방 과실로 사고가 발생한 경우라도 구호조치를 취하지 않았다면 특가법(특정범죄 가중처벌 등에 관한 법률)상의 뺑소니에는 해당되지 않지만, 도로교통법 제148조에 의한 뺑소니에는 해당될 수 있다는 사실입니다. 도로교통법 제148조는 같은 법 제54조 제1항에 따른 교통사고 발생 시 조치를 취하지 않은 사람은 5년 이하의 징역이나 1,500만 원 이하의 벌금에 처한다고 규정하고 있습니다. 도로교통법 제54조 제1항에 따르면, 차의 운전 등 교통으로 인하여 사람을 사상하거나 물건을 손괴한 경우에는 그 차의 운전자나 그 밖의 승무원은 즉시 정차하여 사상자를 구호하는 등 필요한 조치를 해야 합니다. 도로교통법 제54조 제1항의 취지는 특가법상의 뺑소니와는 달리, 도로에서 일어나는 교통상의 위험과 장애를 방지 · 제거하여 안전하고 원활한 교통을 확보하기 위한 것으로서, 피해자의 피해를 회복시켜 주기 위한 것이 아닙니다.

그리고 판례는 피해자가 어린이인 경우에는 스스로 얼마나 다친 것인지, 가해자를 그냥 보내도 될 것인지 판단할 능력이 부족하기 때문에 대부분 뺑소니로 인정하고 있습니다.

 법률 풀이

빵소니를 당했더라도 그럭저럭 먹고살 만하다면야 억울하긴 해도 견딜 수는 있을 것입니다. 그러나 하루 벌어 하루 먹고사는 사람이거나 자신이 돈을 벌지 못하면 생계를 유지할 수 없는 사람이라면 심각한 생활고에 처할 수밖에 없습니다. 그래서 피해자가 다른 수단으로는 전혀 보상을 받을 수 없는 경우에 피해자에 대한 최소한의 구제를 목적으로 국가에서 일종의 사회보장제도를 시행하고 있습니다.

피해자 측은 교통사고 사실확인서와 진단서, 치료비 영수증, 기타 손해액을 입증할 수 있는 관련 서류를 사고 발생일로부터 2년 안에 보험회사에 제출하면 보상받을 수 있습니다.

이 경우 정부보장사업의 보상 범위(대인배상Ⅰ)를 초과하는 손해는 피해자나 피해자 가족이 가입한 자동차보험의 무보험차상해의 1인당 보험 가입 금액(2억 원, 3억 원, 5억 원 중에서 선택) 한도 내에서 보상받을 수 있습니다.

정부 보장사업으로 보상을 받은 후 빵소니 차량을 검거한 경우에는 가해 차량이 보험에 가입했다면 보험금 지급 기준에 따른 보상을 받을 수 있으며, 보험에 가입하지 않았다면 가해자 및 가해 차량의 소유자에게 직접 손해배상을 받을 수 있습니다.

판례에 따르면 피해를 입은 운전자가 스스로 상해가 없다고 판단을 내리고 자기의 거소를 알리지 않고 간 경우도 뺑소니에 해당합니다.

따라서 아무리 경미한 사고라도 최소한 연락처와 인적사항을 교환해야 합니다. 특히 피해자가 어린이나 노인일 경우에는 괜찮다고 그냥 가라고 하더라도 반드시 연락처를 확인해두는 것이 좋습니다. 되도록 병원에서 검사를 받도록 하고, 현장에서 그냥 헤어졌다면 나중에라도 보호자와 통화를 해야 합니다. 이것이 뺑소니 사고로 신고되는 것을 막을 수 있는 방법입니다. 반대로 뺑소니를 당한 경우에는 반드시 목격자와 증거를 확보하고 경찰서에 신고해야 합니다.

김 사장이 피해자에게 연락처를 남겼더라도 상대방의 동의 없이 현장을 이탈했다면 뺑소니가 될 수 있습니다. 비록 연락처를 남겼더라도 가해자의 양심 상태와 당시 상황에 따라 뺑소니로 볼 수도 있다는 것이 우리 판례의 입장이기 때문입니다.

명심하세요. 뺑소니범으로 몰리지 않으려면 피해자를 무조건 병원으로 데려가 치료를 받게 해야 하며 연락처를 남기고 경찰이나 보험사에 연락해 기록을 남겨둬야 한다는 사실을 말입니다.

파란불이 깜빡일 때
횡단보도를 건너다 난 사고에
보행자도 책임이 있을까?

친구와 만나기로 한 약속 장소에 가던 나우울 양은 파란불이 깜박일 때 길을 건너다 마주 오는 택시에 부딪혀 전치 6주의 진단을 받았다. 나우울 양은 택시 회사로부터 보상을 받을 수 있을까?

법률 포인트_ 교통사고

우리나라는 지난 몇십 년 사이에 차량이 급격히 늘어난 만큼 교통사고 또한 증가하고 있습니다. 그중에서도 가장 심각한 피해를 주는 것이 횡단보도에서 일어난 보행자 교통사고입니다.

횡단보도는 보행자가 도로를 횡단하도록 만들어진 도로의 일부분입니다. 따라서 보행자가 횡단보도를 걸을 때 운전자는 차량을 일시

정지해야 하고, 만일 사고가 나면 전적으로 운전자가 책임을 지게 됩니다. 또한 형사처분까지 받게 됩니다.

그런데 '횡단보도 사고'로 인정받으려면 그 횡단보도가 경찰이 설치한 것이어야 합니다. 이 말은 경찰이 설치하지 않은 횡단보도가 있다는 말이겠지요? 그렇습니다. 대학이나 아파트 관리소 등에서 임의로 설치한 횡단보도가 존재합니다. 이 구역에서 발생한 사고는 일반 사고로 처리합니다.

그렇다면 횡단보도에서 사고가 일어났을 때 보행자에게는 아무런 과실도 묻지 않을까요? 물론 그렇지는 않습니다. 이를 신호등이 있는 횡단보도와 신호등이 없는 횡단보도 그리고 횡단보도 부근에서 일어난 사고로 나누어 살펴보도록 하겠습니다.

 법률 풀이

1. 신호등이 있는 횡단보도에서 일어난 사고

일반적으로 신호등이 있는 횡단보도에서 보행자가 파란불에 횡단하다 사고를 당한 것이라면 전적으로 운전자에게 책임을 묻습니다.

그러나 파란불이 깜박거릴 때 뒤늦게 건너려다 도중에 신호가 빨간색으로 바뀌어 사고를 당한 것이라면 보행자에게도 20~30% 정도의 과실을 묻습니다. 물론 빨간불일 때 건너다 일어난 사고는 무단횡단 사고로 인정되어 과실 비율이 50~80%로 늘어납니다.

가끔 보면 자전거나 오토바이를 타고 횡단보도를 건너는 사람들이 있는데요, 이런 경우 사고를 당하면 보행자로 인정되지 않습니다. 횡단보도 사고가 아닌 신호위반 사고로 처리되지요. 보행자로서 보호받으려면 반드시 자전거나 오토바이에서 내린 후 건너야 합니다.

2. 신호등이 없는 횡단보도에서 일어난 사고

횡단보도는 있지만 신호등이 없는 곳에서 보행자가 좌우를 잘 살피면서 안전에 유의하며 횡단하다가 사고를 당한 경우에는 보행자에게 과실을 묻지 않습니다. 그러나 보행자가 부주의하게 횡단보도를 건너다 사고가 난 경우에는 낮에 사고를 당했을 때는 피해자에게 10% 정도의 과실을, 밤에 사고가 났을 때는 15% 정도의 과실을 인정하는 것이 일반적입니다.

아주 특이한 사례지만 횡단보도에 누워 있는 사람을 충격하여 다치게 한 사건이 있었는데, 법원은 누워 있는 사람은 보행자가 아니므로 횡단보도 사고가 아닌 일반 사고로 처리해야 하며 피해자의 과실 또한 60~80% 정도 인정된다고 보았습니다.

3. 횡단보도 부근에서 일어난 사고

바로 옆에 버젓이 횡단보도가 있는데도 급한 마음에 횡단보도가 아닌 일반 도로 쪽으로 건너는 사람들이 종종 있습니다. 그러다 사고가 난 경우에는 횡단보도에 보행자 신호등이 있었는지, 보행 가능 신호(파란불)였는지에 따라 처벌 수위가 달라집니다.

횡단보도를 벗어난 곳이라 하더라도 운전자가 신호를 위반하여 일어난 사고라면 운전자는 신호위반으로 처리가 되어 형사처분을 면할 수 없습니다.

보행자 신호등이 없는 곳에서 사고가 일어났다면 과거에는 횡단보도 사고가 아니므로 종합보험에 가입되어 있다면 형사처분은 면할 수 있었지만, 2009년 헌법재판소가 "종합보험에 가입됐다는 이유로 중과실 운전자에 대한 공소를 제기할 수 없도록 한 교통사고처리특례법 제4조 제1항은 위헌"이라는 결정을 내림에 따라 보행자가 중상해를 입었다면 형사처분을 피할 수 없게 되었습니다.

판결

다들 아시겠지만 보행자를 위한 신호등의 파란불이 깜빡거릴 때는 횡단보도에 들어가서는 안 되고, 이미 횡단보도에 들어가 있고 중간 이상을 건넜다면 신속하게 건너가야 하며 중간보다 못 갔다면 되돌아와야만 합니다.

나우울 양은 이를 어기고 무리하게 횡단하다 사고를 당한 것이므로 비록 횡단보도이고 아직 파란불이 점멸하던 중에 일어난 사고라 하더라도 나우울 양에게 20~30%의 과실이 있다고 할 것입니다.

따라서 택시회사로부터 보상을 받을 수는 있겠지만 자신의 과실에 따른 손해는 보상받기 어렵습니다.

05

음주운전 종료 후 음주 측정 거부는 법 위반일까?

음주 후 주차장에서 주차를 하다 시비가 붙은 술한잔 씨. 상대방은 술한잔 씨를 경찰에 음주운전으로 신고하고, 출동한 경찰은 술한잔 씨에게 음주 측정을 요구했다. 만약 술한잔 씨가 음주 측정을 거부하면 어떻게 될까?

법률 포인트_ 음주 측정

도로교통법에는 누구든지 술에 취한 상태에서 자동차를 운전해서는 안 되며, 술에 취한 상태에서 자동차를 운전했다고 인정할 만한 상당한 이유가 있을 때는 경찰관이 운전자가 술에 취했는지 여부를 측정할 수 있으며, 운전자는 이러한 경찰관의 측정에 응해야 한다고 되어 있습니다.

그리고 만약 이러한 측정에 응하지 않으면 1년 이상 3년 이하의 징역이나 500만 원 이상 1천만 원 이하의 벌금의 처벌을 받게 됩니다. 또한 측정 결과에 불복하는 운전자는 혈액 채취 등의 방법으로 다시 측정할 수 있습니다.

 법률 풀이

1. 음주 측정 불응죄

경찰이 음주단속을 하는 이유는 단순히 음주운전자를 가려내어 처벌하기 위해서라기보다는 교통안전을 도모하고 위험을 사전에 방지하기 위해서입니다.

따라서 이에 응하지 않으면 음주운전자와 동일한 처벌을 받게 됩니다. 이러한 음주 측정 요구는 3회까지 가능하며, 측정은 1회에 한합니다. 1차 음주 측정 요구를 거부했을 경우에는 10분 후에 2차 측정을 합니다. 만약 3차 측정 요구(1차 음주 측정 요구 시간으로부터 30분 후)까지 거부하면 음주 여부와 관계없이 운전면허가 취소됩니다.

주의할 것은 남이 불던 것이 더럽다 하여 혈액 채취를 요구하는 것 또한 측정 거부에 해당할 수 있다는 사실입니다. 이러한 음주 측정 불응죄가 성립하기 위해서는 요구 당시 운전자가 혈중알코올농도 0.05% 이상의 상태에 있다고 보이고, 또한 그렇게 인정할 만한 상당한 이유가 있어야 합니다.

그렇다면 상당한 이유가 있는지는 어떻게 알 수 있을까요? 이에 대해 판례는 "음주 측정 요구 당시 개별 운전자의 외관과 태도, 운전 행태 등 객관적인 사정을 종합하여 판단하여야 한다"고 합니다.

2. 도로가 아닌 곳에서의 음주운전

음주 측정 거부가 처벌 대상이 되려면 음주한 상태에서 자동차를 운전한 것만으로는 부족하고 그 운전 행위가 도로교통법에서 말하는 '도로'에서 행해진 것이어야 합니다.

여기서 도로란 국도나 지방도같이 도로법의 적용을 받음은 물론 불특정 다수의 사람 또는 차량의 통행을 위하여 공개된 장소로서 안전하고 원활한 교통을 확보할 필요가 있는 장소를 말합니다.

따라서 일반인의 출입이 제한된 곳이나 가스충전소의 가스 주입 구역, 학교 운동장, 노상 주차장, 호텔 주차장 등은 도로가 아니며, 무료로 이용하는 공용주차장은 도로에 해당합니다.

또한 아파트 주차장은 주차 구획선을 그어놓은 부분과 구획선 밖이라 하더라도 단지 차량을 주차하기 위한 통로에 불과한 곳이라면 도로에 해당하지 않습니다. 그러나 일반인이나 외부 차량이 자유롭게 드나들 수 있는 아파트라면 주차 구획선을 벗어난 지역은 여기서 말하는 도로에 해당되어 처벌받게 됩니다.

3. 운전 종료 후 음주 측정

운전자가 음주 측정을 요구받을 당시 이미 운전을 종료한 경우에도 측정에 불응하면 처벌받을까? 법원은 그렇다고 판단하고 있습니다.

판례에 따르면 운전자가 술에 취한 상태에서 자동차를 운전했다고 인정할 만한 상당한 이유가 있고, 운전자의 음주운전 여부를 확인하기 위해 필요한 경우에는 비록 운전을 종료한 후라도 음주 측정을 요구할 수 있습니다.

그리고 실제로 운전을 마친 후 5시간이 지나 집에서 자고 있는 사람을 처벌한 사례도 있습니다. 이처럼 운전이 종료된 후에 음주 측정을 요구할 수 있는 경우는 운전 종료 직후 누군가와 시비가 붙어 경찰에 연행된 경우 등 운전 종료와 근접된 시간 범위 내에서만 인정되는 것이 일반적입니다.

판결

술한잔 씨가 운전을 마치고 주차를 하려다 일어난 일이므로 음주 측정에 불응하면 면허 취소는 물론 1년 이상 3년 이하의 징역이나 500만 원 이상 1천만 원 이하의 벌금형에 처해질 수 있습니다.

일반적으로 주차장은 도로교통법상의 도로라고 볼 수는 없지만 중요한 것은 어디서 운전을 했느냐이지 측정을 요구받은 장소가 어디냐가 아니기 때문입니다.

음주 후에는 절대 운전대를 잡아서는 안 된다는 사실, 잊지 마세요.

06

가해자가 누구인지 알 수 없는 사고의 손해배상책임

만취 상태로 오토바이를 운전하던 오토발 씨는 중앙선을 침범했고, 마주 오던 차량과 충돌하여 도로 위에 쓰러졌다. 이 상태에서 약 5분 후 또 다른 차량에 치어 결국 사망했다. 이 경우 유족들은 누구에게 책임을 물어야 할까?

법률 포인트_ 인과관계

일반적으로 불법행위에 의한 손해배상을 청구하기 위해서는 가해행위와 결과 사이에 인과관계가 인정되어야 합니다.

여기서 인과관계라 함은 가해자의 가해행위와 피해자의 손해 사이에 원인과 결과라는 필요조건 관계가 존재하는 것을 의미합니다.

그리고 이러한 인과관계는 원칙적으로 피해자 측에서 입증하도록 하고 있습니다.

그러면서도 우리 민법은 일정한 경우에 피해자를 보호하기 위해 입증 책임을 전환하여 가해자 측에서 입증하도록 하고 있는데, 특히 위 사안처럼 가해자가 여러 사람이고 그중 누구의 행위에 의해서 결과가 발생했는지 알 수 없는 때는 가해자 모두가 책임을 지도록 하고 있습니다(민법 제760조 제2항).

 법률 풀이

1. 공동불법행위책임

공동불법행위란 넓은 의미로는 첫째, 여러 사람이 공동으로 불법행위를 하여 타인에게 손해를 가하는 경우, 둘째, 공동이 아닌 여러 사람의 행위 중 어느 자의 행위가 그 손해를 가한 것인지 알 수 없는 경우, 셋째, 불법행위를 교사하거나 방조한 경우 등을 의미합니다.

공동불법행위자들은 각자가 독립적으로 일으킨 손해를 전부 배상해야 합니다. 물론 각자의 과실 비율에 따라 책임 범위가 달라집니다. 이를 부진정연대책임이라 합니다.

각 개별 행위자는 자신의 행위와 발생한 손해 사이에 인과관계가 존재하지 않는다는 사실을 입증하면 책임을 지지 않아도 되고, 손해의 일부가 자신의 행위에서 비롯된 것이 아님을 입증하면 배상책임이 그 범위로 줄어듭니다.

그런데 공동불법행위책임은 가해자 한 명 한 명의 행위로 인한 손해를 개별적으로 구하는 것이 아니라 가해자들이 공동으로 가한 불법행위 전체에 책임을 묻는 것입니다.

따라서 피해자도 결과에 어느 정도 과실이 있어 과실상계(채권자나 피해자에게도 과실이 있는 경우 법원이 이를 고려하여 배상액을 정하는 제도)를 하는 경우에는 설령 공동불법행위자 각자에 대한 피해자의 과실 비율이 서로 다르더라도, 피해자의 과실을 공동불법행위자 각자에 대한 과실로 개별적으로 평가하는 것이 아니라 그들 전원에 대한 과실로 전체적으로 평가하게 됩니다.

2. 공동불법행위자 상호 간의 관계

앞서 살펴보았듯 공동불법행위자는 채권자에 대해 부진정연대책임을 집니다.

그러나 공동불법행위자들 간에는 일정한 부담 부분이 있어 그 부담 부분에 한해 책임을 지게 됩니다. 이 부담 부분은 각자가 결과에 대해 어느 정도 과실이 있느냐에 따라 정해집니다.

만약 공동불법행위자 중 누군가가 자신의 부담 부분 이상을 변제하여 공동의 면책을 얻게 했을 때는 다른 공동불법행위자에게 그 부담 부분의 비율에 따라 구상권(다른 사람을 위하여 그 사람의 빚을 갚은 사람이 다른 연대채무자나 주된 채무자에게 상환을 요구할 수 있는 권리)을 행사할 수 있습니다.

이러한 구상금 채권은 일반 채권과 마찬가지로 '구상권자가 피해자에게 손해금을 지급한 때로부터 10년간' 행사하지 않으면 시효가 소멸하므로 주의해야 합니다.

판결 

충돌사고로 오토발 씨가 사망에 이르게 된 손해는, 가해자 불명의 공동불법행위로 인한 손해에 해당한다고 볼 수 있습니다.

따라서 공동이 아닌 여러 사람 각각의 행위(다만, 고의 또는 과실에 의한 위법·유책한 행위임을 전제로 함)와 위 손해 발생 사이의 상당인과관계(어떤 원인이 있으면 그러한 결과가 발생하리라고 보통 인정되는 관계)가 법률상 추정되므로, 이러한 충돌사고를 야기한 차량의 운전자들이 공동불법행위자로서 책임을 면하기 위해서는 자기의 행위와 위 손해 발생 사이에 상당인과관계가 존재하지 않음을 적극적으로 주장, 입증해야 합니다.

그렇지 않다면 오토발 씨의 유족들은 공동불법행위자 모두를 상대로 손해배상을 청구할 수 있습니다. 물론 오토발 씨가 만취한 상태로 중앙선을 넘어 사고를 유발한 과실이 있으므로 배상액을 산정하는 과정에서 오토발 씨의 과실 역시 함께 고려할 것입니다.

 다른 차량에 밀리면서
마주 오던 차량과
충돌한 것도
중앙선 침범 사고에 해당할까?

급하게 차선을 변경하던 차량이 운전 미숙으로 1차선에서 진행 중이던 왕억울 씨의 차량을 들이받았고, 그 결과 왕억울 씨의 차량이 밀리면서 중앙선을 넘어가 마주 오던 조황당 씨의 차량과 충돌했다. 이러한 경우도 중앙선 침범 사고로 볼 수 있을까?

법률 포인트_ 중앙선 침범

중앙선에는 황색점선, 황색실선 그리고 황색실선과 점선이 함께 그려진 황색복선 등이 있습니다.

황색점선은 반대 방향의 교통에 주의하면서 일시적으로 반대편 차로로 넘어갈 수 있으나 진행 방향 차로로 다시 돌아와야 함을 표시한 것이고, 황색실선은 편도 1차로(단선) 및 2차로 이상(복선) 차도의 중앙에 그려진 선으로 어떠한 경우에도 넘어가서는 안 되는 선입니다. 또한 황색실선과 점선이 함께 그려진 황색복선은 점선 방향 차로를 통행하는 차는 반대 방향의 통행에 방해가 되지 않는 범위 내에서 잠시 넘어갈 수 있지만 실선 방향의 차로를 주행하는 차는 넘어갈 수 없음을 표시한 것입니다.

 법률 풀이

1. 중앙선 침범의 개념

어떠한 경우에 중앙선을 침범한 것으로 볼 것인지에 대해서 이론상의 논쟁이 있기는 하지만, 우리 법원은 중앙선 침범 사고를 예방하기 위해 자동차의 바퀴뿐 아니라 사이드미러 등과 같은 차체의 일부나 적재 화물의 일부가 중앙선을 침범한 것까지도 중앙선 침범으로 보고 있습니다.

중앙선을 침범하여 일어난 교통사고는 비록 피해자와 합의하거나 종합보험에 가입되어 있다 하더라도 교통사고처리특례법상의 보호를 받지 못합니다. 동법 제3조 제2항 단서 제2호 전단에 '도로교통법 제13조 제3항의 규정에 위반하여 차선이 설치된 도로의 중앙선을 침범했을 때'는 공소 제기가 가능하도록 규정하고 있기 때문입니다.

2. 중앙선 침범의 성립 요건

중앙선 침범이 되려면 무엇보다 우선 도로상에 중앙선이 그려져 있어야 하고 중앙선을 넘어간 이유가 불가항력적이지 않아야 합니다. 즉 교통사고가 발생한 지점이 중앙선을 넘어선 지점이라고 해서 모두 중앙선 침범이 되는 것이 아니라 부득이한 사유가 없이 중앙선을 침범하여 교통사고를 발생케 한 경우에 중앙선 침범이 되는 것입니다.

여기서 부득이한 사유란 진행 차로에 나타난 장애물을 피하기 위해 다른 적절한 조치를 취할 겨를이 없었다거나, 자기 차로를 지켜 운행하려고 했으나 운전자가 지배할 수 없는 외부적 여건으로 말미암아 어쩔 수 없이 중앙선을 침범하게 되었다는 등 중앙선을 침범한 것 자체로는 운전자를 비난할 수 없는 객관적 사정을 말합니다.

둘째, 중앙선 침범 행위가 교통사고 발생의 직접적인 원인이 되어야 합니다. 직접적인 원인이 된 이상 사고 장소가 반드시 중앙선을 넘어선 반대 차선이어야 할 필요는 없습니다.

물론 중앙선 침범 행위가 교통사고 발생의 직접적인 원인이 아니라면 설령 교통사고가 중앙선 침범 운행 중에 일어났다고 하더라도 중앙선 침범 사고에는 해당하지 않습니다.

3. 중앙선이 없는 도로의 경우

중앙선이 없는 도로에서 반대 방향 차와 부딪힌 사고는 피해자가 중상해를 당한 경우가 아니라면 민사상 과실을 산정하는 데 고려될

뿐, 원칙상 형사처벌 대상은 아닙니다.

물론 예외적으로 중앙선 침범 사고로 인정한 판례도 있습니다.

좌회전이 금지된 장소에서 좌회전하다 반대 차선에서 오토바이를 운행하던 피해자에게 상해를 입힌 사안에서 "피고인의 차량이 반대 차선으로 넘어간 통로에 해당되는 도로 부분이 횡단보도로서 실제로 중앙선이 그어져 있지 아니하다는 이유만으로 이를 달리 볼 것은 아니다"라고 하여 사고 발생의 직접적인 원인이 되었다면 중앙선 침범에 해당한다고 보았습니다(대법원 1995.5.12. 선고 95도512 판결).

판결

위 사고는 중앙선이 그어져 있는 편도 2차선 도로에서 발생했고 사고 발생 지점이 중앙선을 넘은 곳이기는 하지만, 차량을 들이받은 충격으로 인하여 왕억울 씨의 차량이 중앙선을 넘어가서 일어난 사고이므로 교통사고처리특례법 제3조 제2항 제2호 단서 전단이 규정하는 중앙선 침범 사고라고 볼 수는 없습니다.

따라서 만약 왕억울 씨가 종합보험에 가입되어 있고, 피해자가 중상해(重傷害)를 입은 경우가 아니라면 민사책임은 별개로 하고 형사책임은 지지 않게 될 것입니다. 하지만 특별한 사정이 없는 한 중앙선 침범 사고에서는 중앙선을 침범한 차량이 100% 가해자가 되므로 중앙선을 함부로 넘어서는 안 됩니다.

08

불법 주차된 차량으로 인한 사고, 손해배상책임은 누가 질까?

편도 1차선 도로를 주행 중이던 또억울 씨는 우측 가장자리에 역방향으로 불법 주차된 덤프트럭을 지나쳐 가다가 이 덤프트럭 뒤에서 갑자기 뛰어나온 김깜놀 씨를 발견하지 못하고 들이받아 상해를 입혔다. 이 경우 덤프트럭 차주도 사고에 책임을 져야 할까?

법률 포인트_ 주의의무

자동차는 편리성만큼이나 위험성 또한 크므로 운전을 할 때는 일상적인 활동을 할 때보다 더 높은 주의의무가 요구됩니다.

그렇지만 주의의무도 때와 장소 및 당시 상황 등에 따라 조금씩 다르며 모든 경우에 엄격한 기준을 요구하는 것은 아닙니다.

일반적으로 교통규칙을 준수한 운전자는 다른 교통 관여자가 교통규칙을 준수할 것이라고 신뢰하면 족하고, 다른 교통 관여자가 교통규칙을 위반하여 행동할 것까지 예견하고 이에 대해서 주의의무를 다할 필요는 없습니다.

그러나 주택가 도로를 운행할 때 정차된 차량이 있음을 확인한 경우에는 언제든 사람이 뛰쳐나올 수 있다는 사실을 인식하고 주의해서 운전해야 합니다.

법률 풀이

1. 불법 주차 차량으로 인한 사고

차량은 날로 증가하는데 이들을 수용할 주차 공간은 턱없이 부족한 게 현실입니다. 그래서인지 도로가나 주택가 주변을 보면 불법 주차된 차량을 쉽게 볼 수 있습니다.

도로교통법상 주차하는 모든 차량은 다른 교통에 장애가 되지 않도록 해야 하고, 진행하는 차들이 쉽게 발견할 수 있도록 안전조치를 취할 주의의무가 있습니다.

특히 야간에는 미등과 차폭등(차폭을 알리기 위하여 자동차의 앞뒤 양쪽에 설치한 등)을 켜놓아 누구나 주차된 상태임을 알 수 있도록 해야 하고, 도로를 점거하는 경우에는 차량 후반에 위험표지판 등을 설치하여 통과하는 차량들이 쉽게 인식할 수 있도록 안전조치를 취해야 합니다.

이러한 주의의무를 게을리하여 사고가 난 경우에는 주차 차량의 차주 또한 책임에서 자유로울 수 없습니다.

실제로도 주차된 차량을 오토바이나 차량으로 추돌하거나, 정차된 차량 사이에서 갑자기 튀어나온 사람을 미처 발견하지 못하고 충격하는 사고가 많이 일어나고 있습니다.

그렇다면 주차 차량의 차주는 어느 정도의 책임을 지게 될까요?

2. 불법 주차 차량 차주의 책임

주차 중인 차량을 추돌하거나 상대방 실수로 사고가 나면 주차 중인 차량의 과실은 없는 것이 일반적입니다.

그러나 주차가 금지된 곳에 주차하거나 주차를 잘못한 경우 또는 주차 중인 차량에 현저한 과실이 있는 경우에는 상황에 따라 20% 내외의 과실을 인정하고, 불법 주차가 교통사고의 직접적인 원인이 된 경우에는 그 비율이 훨씬 높아집니다.

특히 야간에 불법 주차한 차량을 추돌한 사고에 대해서는 불법 주차한 차량이 있다는 것을 다른 운전자들이 식별하기 곤란한 상태에서 사고가 발생했다면 최고 30%까지 책임을 져야 합니다.

또한 주정차가 금지된 자동차전용도로에서 사고가 났을 때도 들이받힌 차는 30% 정도의 과실이 인정됩니다.

따라서 자동차를 주차할 때 정해진 장소에 주차하는 것만이 만일의 사고에 대한 배상 책임을 면하는 길이며, 혹시 있을지 모르는 대형 사고를 예방하는 방편입니다.

3. 정체불명의 차가 불법 주차한 차를 추돌하고, 그 충격으로 불법 주차 차량이 자신의 차량을 파손한 경우

이 경우엔 가해 차량을 찾을 수 있느냐가 관건입니다. 만약 찾을 수 있다면 대물 뺑소니 사고에 해당하여 거의 100% 과실 책임을 물을 수 있습니다.

그러나 만약 찾지 못한다면 불법 주차한 차주에게 일정 부분의 책임을 물을 수 있을 텐데요, 이때도 단지 심증만 가지고는 안 되고 이를 증언해줄 증인이나 관련 CCTV 영상 등을 확보해야 합니다.

그렇지 않다면 불법 주차한 사람의 차를 보면 추돌 흔적이 남아 있을 것이므로 그것을 찾아야만 합니다. 만약 이 중 어떠한 증거도 찾지 못한다면 현실적으로 보상받기는 힘들고, 억울하지만 자차보험이나 자비로 처리하는 수밖에 없습니다.

불법 주차된 차량 때문에 또억울 씨는 자신의 차로를 지켜 운전하는 데 지장을 받았을 것이고, 진행 방향 전방 오른쪽 시야가 가로막혀 그곳에 있는 보행자의 움직임을 파악하기도 어려웠을 것입니다.

또한 피해자 김깜놀 씨도 도로 쪽 시야가 막혀 차량 운행 상황을 제대로 파악할 수 없는 상태였을 것으로 보이므로 다른 특별한 사정이 없는 한 불법 주차 행위 자체가 이 사고의 원인이 된 차량 운행상의 과실과 상당인과관계가 있다고 할 것입니다.

따라서 피해자 김깜놀 씨는 또억울 씨와 불법 주차 차량의 차주를 상대로 손해배상을 청구할 수 있습니다. 그러나 좌우를 제대로 살피지 않고 건너려고 한 자신의 과실도 있으므로 그 비율만큼 감액하게 될 것입니다.

09

음주운전을 하다 사고를 내 사망하면 개인택시면허도 자동 취소될까?

개인택시를 운전하는 김기사 씨가 만취한 상태에서 차량을 운행하다가 신호대기를 위해 정차 중이던 승합차를 추돌했다. 김기사 씨는 응급실로 후송되어 치료를 받던 중 사망했고, 음주운전을 했다는 이유로 운전면허가 취소되었다. 이에 더해 개인택시 운송사업 면허까지 취소되자 유족들이 반발하고 나섰는데, 음주운전을 했다고 개인택시면허까지 같이 취소하는 것은 과연 정당한 일일까?

법률 포인트_ 음주운전과 면허취소

도로교통법상 음주운전이란 '술에 취한 상태에서 자동차 등을 운전하는 경우'를 말합니다(도로교통법 제44조 제1항). 여기서 술에 취한 상태란 혈중알코올농도가 0.05% 이상인 경우로서(도로교통법 제44조 제4항), 적발 시 다음과 같은 구분에 따라 처벌받게 됩니다.

❶ 혈중알코올농도가 0.2퍼센트 이상인 사람은 1년 이상 3년 이하의 징역이나 500만 원 이상 1천만 원 이하의 벌금

❷ 혈중알코올농도가 0.1퍼센트 이상 0.2퍼센트 미만인 사람은 6개월 이상 1년 이하의 징역이나 300만 원 이상 500만 원 이하의 벌금

❸ 혈중알코올농도가 0.05퍼센트 이상 0.1퍼센트 미만인 사람은 6개월 이하의 징역이나 300만 원 이하의 벌금

그러나 단순한 음주운전이 아닌, 인명사고를 일으킨 경우에는 교통사고처리특례법이 적용되어 더욱 무거운 처벌을 받게 됩니다. 형사처분뿐만 아니라 행정적으로도 운전자는 면허를 취소 또는 정지당할 수 있는데, 혈중알코올농도가 0.05% 이상의 상태에서 대인사고를 일으켰거나 0.1% 이상이면 면허취소를, 그 밖의 경우에는 100일간의 면허정지 처분을 받게 됩니다.

법률 풀이

1. 개인택시면허의 승계

개인택시 운송사업 면허는 타인에게 양도할 수 있으며, 개인택시 사업자가 사망한 경우에는 일정한 요건을 갖춘 상속인이 90일 이내에 국토교통부장관 또는 시·도지사에게 신고하여 사업자의 지위를 승계할 수도 있습니다(여객자동차운수사업법 제15조).

상속 신고를 하면 관할관청은 법률이 정한 사유가 있거나 또는 공공의 복리를 위해 꼭 필요하다고 인정되는 경우가 아니면 그 신고의 수리를 거부하지 못합니다(대판 2006두17543 판결).

2. 개인택시면허의 취소

여객자동차운수사업법 제85조 제1항 제37호와 같은 법 시행령 제41조에 따르면 개인택시운송사업자의 운전면허가 취소된 때는 그의 개인택시 운송사업 면허를 취소할 수 있도록 규정하고 있습니다.

운전면허가 취소되었다고 해서 무조건 개인택시면허도 취소되는 것이 아니라 그때그때 상황에 따라 판단하여 취소 여부를 결정하도록 하고 있는 것입니다.

이에 따른다면 만약 개인택시 사업자의 운전면허가 취소되면 운송사업 면허 또한 취소되어 상속이 불가능해질 수도 있다는 결론에 이르게 됩니다.

따라서 이미 사망한 사람의 운전면허를 취소할 수 있는지가 중요한 문제로 대두되는데요. 이에 대하여 판례는 "개인택시 운송사업자가 음주운전을 하다가 사망한 경우에는 음주운전을 이유로 운전면허를 취소하는 것은 불가능하다"고 보고 있습니다.

즉 사망으로 인하여 운전면허를 취소할 대상 자체가 없어졌으므로 취소 자체가 불가능하다고 본 것입니다. 따라서 결국 개인택시면허도 취소할 수 없게 됩니다.

3. 관련 문제

개인택시 운전자처럼 운전이 곧 가족의 생계와 직결되는 사람은 운전면허가 취소되면 가족의 생계가 막막해질 수 있습니다. 이러한 경우에는 관계기관에 이의신청을 하거나 행정심판을 청구하여 구제받을 수 있는 길이 있습니다.

먼저 생계형 이의신청은 적발 당시 혈중알코올농도가 0.12% 이하였던 사람 중 직업과 음주 경력 그리고 과거 5년 이내의 전력 등을 참작하여 결정하게 되고, 행정심판은 운전면허 취소 처분 자체를 취소하거나 면허정지 처분 등으로 감경해줄 것을 관계기관에 호소하는 것입니다.

만약 이것이 받아들여지면 개인택시면허가 취소되는 것만은 막을 수 있습니다.

판결

김기사 씨가 만취 상태였으므로 당연히 운전면허 취소 사유에 해당하나, 김기사 씨가 이미 사망했으니 그에게 취소 처분을 하는 것은 불가능하고, 또한 단순히 운전면허를 취소할 수 있는 사유가 있다는 것만으로는 개인택시면허를 취소할 수 없습니다. 그러므로 김기사 씨의 개인택시면허 취소 처분은 위법한 처분입니다. 따라서 김기사 씨의 유족들은 개인택시면허를 상속할 수 있을 것입니다.

다만 여기서 한 가지 주의할 점은 상속이 아닌 일반 양도·양수의 경우에는 운전면허 취소 사유만 존재해도 양도·양수가 허용되지 않는다는 사실입니다. 또한 인가가 있은 후에도 그 양도·양수 이전에 있었던 양도인에 대한 운송사업 면허 취소 사유를 들어 양수인의 사업면허를 취소할 수도 있습니다.

10

렌터카 운전 중 사고를 낸 경우 보상관계는 어떻게 될까?

휴가차 가족과 함께 제주도에 놀러 온 김피서 씨가 렌터카를 빌려 운행 중 운전 미숙으로 그만 사고를 내고 말았다. 이 경우 렌터카 회사가 책임을 져야 할까, 아니면 김피서 씨가 책임을 져야 할까?

법률 포인트 _ 렌터카 사고 시 보상책임

렌터카 사업은 말 그대로 일정한 대가를 받고 자동차를 빌려주는 것입니다. 이러한 자동차 대여 사업을 하려면 사업 계획을 작성하여 국토교통부령으로 정하는 바에 따라 시·도지사 등록을 해야 합니다 (여객자동차운수사업법 제28조).

그리고 렌터카는 영업용 차량에 해당하기 때문에 책임보험 이외에 종합보험이나 공제에 가입해 있어야 운행이 가능합니다. 따라서 모든 렌터카는 이미 종합보험에 가입되어 있다고 보아도 무방합니다.

그러나 렌터카 업체가 보험료 할증액을 고객에게 전가하고 이에 응하지 않을 시 형사고소 운운하며 협박하는 일들이 심심치 않게 일어나고 있습니다.

앞서 언급했듯이 렌터카 대여비에 자동차보험료도 포함되는 것이 일반적이므로 사고가 나면 대부분 렌터카 업체가 가입한 보험으로 처리하게 됩니다. 판례 또한 렌터카 사업자에게 운행자성을 인정하여 손해배상책임을 지우고 있습니다(대판 93다10675 판결).

사고 시 보험 처리를 하면 보험료가 할증되는 경우가 있습니다. 이 할증된 보험료를 고객에게 전가할 수 있을까요?

그렇지 않습니다. 설령 계약서 약관에 "보험료 할증 부분은 고객이 책임지기로 한다"는 내용이 있다 하더라도 이는 렌터카 업체에서 일방적으로 정한 불공정한 약관에 불과합니다. 따라서 그러한 요구가 있더라도 순순히 응할 필요는 없으며 이로 인해 형사책임을 질 일 또한 없으니 걱정하지 않아도 됩니다.

다만 차량 파손에 따른 수리비는 사고 차량이 자차보험에 가입되어 있지 않다면 임차인이 부담해야 합니다. 그러니 렌터카 비용이 지나치게 싸다면 보험에 가입되어 있지 않을 가능성이 있으므로 종합보험 가입 여부를 반드시 확인해야 합니다.

 법률 풀이

1. 무면허임을 알면서도 대여해준 경우

차량을 대여받고자 하는 자가 무면허라는 사실을 알면서도 차량을 대여하여 일어난 사고에 대해서는 운전자와 함께 대여사업자도 공동 책임을 지게 됩니다.

판례에 따르면 "자동차대여사업자가 자동차운전면허가 없는 사람에게 무면허자임을 알면서도 승용차를 대여했고, 그 무면허자가 대여받은 승용차를 운전하던 중 운전 미숙의 과실로 인하여 교통사고가 발생한 경우에는 달리 특별한 사정이 없는 한 자동차대여사업자가 무면허자에게 위 자동차를 대여한 행위와 무면허자의 위와 같은 운전 미숙이 원인이 되어 발생한 교통사고 사이에는 상당인과관계가 있다"고 하고 있습니다(대판 98다39701 판결).

또한 상법에서 "보험계약자 또는 피보험자나 보험수익자의 고의 또는 중대한 과실로 인하여 발생한 보험사고"를 보험자의 면책사유로 규정하고 있는데(상법 제659조), 무면허임을 알면서도 차량을 대여해준 행위는 보험계약자의 중대한 과실에 해당하므로 결국 보험 처리를 할 수도 없습니다.

따라서 렌터카 회사로서는 어떠한 경우에도 면허 없는 자에게 차량을 대여해주어서는 안 될 것입니다.

2. 무면허자가 렌터카 회사를 속여 대여받은 경우

렌터카 사업자는 자동차를 대여받으려는 자가 안전하게 운전할 능력이 있는지를 조사할 의무는 없지만 최소한 운전면허를 소지하고 있는지를 확인할 주의의무는 있습니다.

그런데도 이를 소홀히 했다면 그에 따른 책임을 당연히 지게 될 것입니다. 따라서 길을 가다 주운 다른 사람의 운전면허증을 이용해 대여받은 경우처럼 렌터카 회사를 속여 대여받았다 하더라도 이를 제대로 확인하지 못한 과실이 인정되므로 사고 운전자와 렌터카 회사 및 보험사는 공동으로 책임을 지게 됩니다.

이때 무면허자가 미성년자라면 그 부모 또한 무단운전을 제대로 지도, 감독하지 못한 책임을 질 수 있습니다.

3. 대여받은 자 이외의 제3자가 운전 중 사고가 난 경우

렌터카는 영업용 차량에 해당하고 누구나 운전할 수 있는 일반종합보험에 가입되어 있습니다. 따라서 렌터카를 빌려 간 사람뿐만 아니라 그 사람의 가족이나 친구 등 제3자가 운전하다 일어난 사고도 보험을 1인 한정으로 가입한 경우가 아니라면 보험 처리가 가능합니다.

설령 계약서에 "빌려 간 사람 이외의 제3자에게 운전시키지 못한다"는 내용이 있더라도 이를 어기는 것은 단순히 임차인과 렌터카 회사 사이의 채무불이행에 불과할 뿐이므로 그에 따른 책임만 지면 될 것입니다.

다만 돈을 받고 제3자에게 차를 빌려주는 무단 전대(轉貸, 빌리거나 꾼 것을 다시 다른 사람에게 빌려주거나 꾸어줌)를 했다가 사고가 났다면 당연히 손해배상책임을 져야 합니다.

판결

렌터카 사업자가 운전면허 소지 여부를 확인하여 자동차를 빌려주었다 하더라도 자동차손해배상법상의 운행자성을 상실하는 것은 아니므로 직접 운전을 한 김피서 씨와 렌터카 사업자가 공동 책임을 지게 됩니다. 운행의 사전적 의미는 '정해진 길을 따라 차량 따위를 운전하여 다니는 것'입니다. 자동차손해배상법에서 운행자는 '자동차에 대한 운행을 지배하여 그 이익을 향수하는 책임 주체로서의 지위에 있는 자'를 뜻합니다.

그러므로 본인이 다른 사람에게 차량을 빌려주어 운행케 하다 발생한 사고에 대해서도 운전자와 함께 본인도 그 책임 주체로서 손해배상책임을 지게 됩니다. 직접 운전한 김피서 씨는 자신의 운전 미숙으로 사고가 일어난 것이므로 책임을 져야 하는 것은 물론입니다. 보험에 가입된 차량이라면 당연히 보험 처리도 가능합니다.

11

운전자의
승객 추락 방지 의무

15톤 화물차 운전자인 김덤프 씨는 차량 적재함에서 철근 적재 작업을 하던 상하차 씨가 미처 차에서 내린 것을 확인하지 않은 채 출발했고, 이로 인해 상하차 씨가 차에서 떨어져 전치 16주의 상해를 입었다. 이에 검찰은 김덤프 씨를 교통사고처리특례법 위반 혐의로 기소했는데 과연 김덤프 씨는 형사처분을 받게 될까?

법률 포인트_ 교통사고처리특례법과 승객 추락 방지 의무

1. 교통사고처리특례법

교통사고처리특례법은 업무상과실 또는 중대한 과실로 교통사고를 일으킨 운전자에 관한 형사처분 등의 특례를 정함으로써 교통사고로 인한 피해의 신속한 회복을 촉진하고 국민 생활의 편익을 증진할 목적으로 1981년 12월 31일 제정되어 지금까지 시행되고 있습니다.

이 법은 일반 사고의 경우 보험에 가입하기만 하면 형사처분을 면하도록 하고 있었는데, 2009년 헌법재판소에서 관련 규정이 위헌판결을 받음에 따라 피해자가 신체의 상해로 인하여 생명에 대한 위험이 발생하거나 불구(不具) 또는 불치(不治)나 난치(難治)의 질병에 이르게 된 경우에는 공소를 제기할 수 있게 함으로써 형사처분의 근거를 마련했습니다. 또한 도주나 사망사고, 11대 중과실 사고 등의 경우에는 예외적으로 피해자가 처벌을 원치 않아도 공소 제기를 할 수 있도록 하고 있는데, 이 11대 중과실 중 하나가 바로 '운전자의 승객 추락 방지 의무'입니다.

2. 승객의 추락 방지 의무

그렇다면 승객 추락 방지 의무란 구체적으로 무엇을 의미할까요?

먼저 특례법 제3조 2항 10호는 "운전자가 도로교통법 제35조 2항의 규정에 의한 승객의 추락 방지 의무를 위반하여 운전한 경우"라고 명시하고 있습니다. 그리고 도로교통법 제35조 2항은 "모든 차의 운전자는 운전 중 타고 있는 사람 또는 타고 내리는 사람이 떨어지지 아니하도록 하기 위하여 문을 정확히 여닫는 등 필요한 조치를 취하여야 한다"고 규정하고 있습니다.

이러한 점에 비추어 보면 승객의 추락 방지 의무란 그것이 주된 것이든 부수적인 것이든 사람을 운송하는 차의 운전자가 그 차에 타고 있거나 내리려는 승객이 차에서 떨어지지 않도록 안전조치를 취해야 할 의무라고 할 수 있습니다.

그리고 여기서 승객이란 사람이 승차할 수 있는 차의 모든 공간에 타고 있거나 내리는 사람을 의미하는 것이 아니라 문을 여닫을 수 있는 공간 안에 승차한 사람만을 의미합니다.

따라서 자전거나 오토바이처럼 문이 없는 교통수단이나 트럭의 화물 적재함 등은 설령 거기에 사람이 타고 있더라도 여기서 말하는 승객에는 해당하지 않습니다.

 법률 풀이

운전자가 승객 추락 방지 의무를 위반하여 승객을 사망케 하거나 다치게 한 경우에는 교통사고처리특례법에 따라 종합보험 또는 공제조합에 가입되어 있다 하더라도 5년 이하의 금고 또는 2천만 원 이하의 벌금형에 처해집니다.

또한 위반행위와 인적 피해 결과를 합산하여 면허행정처분(정지, 취소 등)을 받게 되고, 운행상의 안전기준을 넘어서 사람을 승차시키거나 물건을 적재하고 운전했다면 도로교통법에 따라 범칙금이 부과됩니다.

이처럼 승객 추락 방지 의무를 위반한 운전자를 무겁게 처벌하는 이유는 문을 제대로 닫지 않고 운행할 경우 승객이 추락함으로써 일어날 수 있는 사고를 미연에 방지하기 위해서입니다.

승객 추락 사고는 주로 버스나 자가용에서 많이 발생합니다. 물론 과거에 비하면 많이 줄어든 게 사실이지만 이러한 사고는 언제든 발생할 수 있습니다.

이와 관련한 우리 법원의 판례들을 살펴보면, 승객의 요청에 따라 정차하려는 순간 승객이 갑자기 뛰어내리다 부상을 입은 사고, 출발하려는 버스를 타려고 뛰어오다 행인끼리 부딪쳐 넘어지면서 버스 바퀴에 깔린 사고, 그리고 승객이 차에서 내려 도로상에 발을 딛고 선 뒤에 일어난 사고 등은 운전자에게 과실이 없다고 보았습니다.

그러나 승객이 차에 오르다 떨어지면서 부상을 입거나 버스 번호를 착각하고 잘못 탄 승객이 하차하려는 순간 개문발차(문을 열어둔 상태로 차가 출발)로 승객이 추락하여 부상을 입은 경우, 커브 길에서 회전하다 운전 부주의로 문이 열리면서 승객이 지면으로 나가떨어져 부상당한 경우 등은 운전자에게 사고 책임을 인정했습니다.

한편 차가 정지한 상태에서 승객들에게 밀려 차에서 떨어지거나 적재 화물이 떨어져 부상을 당한 경우에는 승객 추락 방지 의무 위반 사고가 아닌 안전사고로 처리됩니다.

위 사고는 김덤프 씨가 화물차 적재함에서 작업하던 피해자가 차에서 내린 것을 확인하지 않은 채 출발함으로써 발생한 것입니다.

그러나 운전자가 승객 추락 방지 의무를 소홀히 했다고 하기 위해서는 문을 열고 닫을 수 있는 공간 안에 승객이 타고 있어야 하는데, 화물차 적재함은 이에 해당하지 않으므로 특례법에서 말하는 승객이라 볼 수 없습니다.

따라서 김덤프 씨에게 사고에 대한 형사책임을 묻기는 어려울 것입니다.

12

교통사고를 당한 남편을
간병한 부인이
개호비를 받을 수 있을까?

조그만 식당을 운영 중인 박 사장은 오토바이를 타고 배달을 가던 중 맞은편에서 중앙선을 넘어오는 차량과 충돌하여 하반신이 마비되는 중상을 입었다. 형편이 넉넉지 못해 따로 간병인을 쓰지 못하고 부인이 식당 문을 닫은 채 남편을 간호했다. 이 경우 박 사장은 보험회사로부터 개호비를 받을 수 있을까?

법률 포인트_ 개호

개호(介護)란 환자 혼자서 할 수 없는 것을 옆에서 도와준다는 뜻으로 흔히 '간병'이라고도 합니다. 신체적 장애뿐만 아니라 지적 또는 정신적 장애로 인해 타인의 감독 내지 보호가 필요한 경우도 개호에 해당합니다(대법원 1998.12.22. 선고 98다46747 판결 참고).

보험회사의 보험약관에는 식물인간이나 척추 손상으로 인한 사지 마비 환자를 개호할 때만 개호비를 지급한다고 되어 있는 것이 현실입니다.

그러나 이는 어디까지나 보험회사의 일방적 주장에 지나지 않으며 매우 부당한 것으로서 우리 법원은 이보다 폭넓게 개호의 범위를 인정하고 있습니다.

따라서 개호비 문제로 다툼이 있는 경우에는 보험회사와 성급하게 합의를 시도하기보다는 소송으로 해결하는 것이 피해자에게 더 유리할 수 있습니다.

그렇다면 현실적으로 개호비는 어느 정도나 인정받을 수 있을까요? 소송을 하면 의사의 감정 결과 등을 참작하여 개호가 필요한지를 법원이 결정하는데(대법원 1998.12.22. 선고 98다46747 판결 참조), 특별한 사정이 없는 한 실제로 개호에 종사한 시간에 상응한 액수만을 인정하는 것이 아니라 도시에 사는 성인 여자 1인의 일용노동임금 전액을 기준으로 하여 산정하게 됩니다(대법원 1987.2.24. 선고 86다카2366 판결; 1982.11.23. 선고 82다카1079 각 판결 참조).

 법률 풀이

2014년 1월 현재 도시일용노임이 8만 4166원이므로 만약 한

달간 개호를 받았다면 여기에 30을 곱하여 계산하면 됩니다. 설령 고용한 전문 간병인의 일당이 이 금액을 초과한다 할지라도 법원에서는 일반적으로 도시일용노임만 인정한다는 점을 유념해야 합니다.

또한 성인을 돌본 경우 부상 부위 및 정도에 따라 입원 기간의 1/3~1/2 정도의 개호비를 인정해주는 것이 보통이나, 어린아이나 노인을 돌본 경우에는 100%를 인정해주는 것이 일반적입니다.

그리고 전문 간병인이 아닌 부모나 배우자 등 가족의 개호를 받는 경우에도 개호비를 청구할 수 있습니다(대법원 1987.12.8. 선고 87다카1332 판결 참조). 즉 입원 기간 동안 개호의 필요성이 인정되고 가족들이 개호를 한 사실이 인정된다면 그 개호비를 실제로 지출했는지와 관계없이 개호비를 청구할 수 있는 것이지요(대법원 1991.5.14. 선고 91다8081 판결 참조).

다만 법원은 필요한 개호인의 수를 사안에 따라 탄력적으로 인정하고 있는데 ① 사지가 완전히 마비된 환자는 1~1.5인(대법원 1994.5.10. 선고 94다2909 판결 참조), ② 하반신만 마비된 경우에는 0.5인, ③ 양쪽 다리를 절단했으며 의족 장착이 불가능한 경우에는 0.5인(대법원 1994.10.14. 선고 94다37035 판결 참조), ④ 식물인간인 경우에는 1.5인(대법원 2004.6.25. 선고 2004다6917 판결 참조)을 인정하는 것이 보통입니다.

그러나 환자가 중환자실에 있거나(대법원 1988.11.8. 선고 87다카1032 판결 참조) 만 2~3세 미만의 어린이일 경우, 또 양쪽 다리를 절

단했지만 의족 장착이 가능한 경우에는 개호비를 따로 인정해주지는
않습니다.

판결

　이상의 법리를 종합해보면 박 사장은 하반신이 마비되었지만 양
손은 자유롭게 사용할 수 있으므로 다른 특별한 사정이 없는 한 성인
여자 0.5인(1일 4시간의 개호가 필요하다는 의미)의 개호가 필요하다고
인정받을 수 있을 것으로 보입니다.

　또한 전문 간병인이 아닌 부인의 개호를 받았다 하더라도 박 사장
이 개호를 필요로 하는 이상 누가 개호를 했느냐는 중요하지 않으므
로, 당연히 가해자의 보험사를 상대로 개호비를 청구할 수 있다고 하
겠습니다.

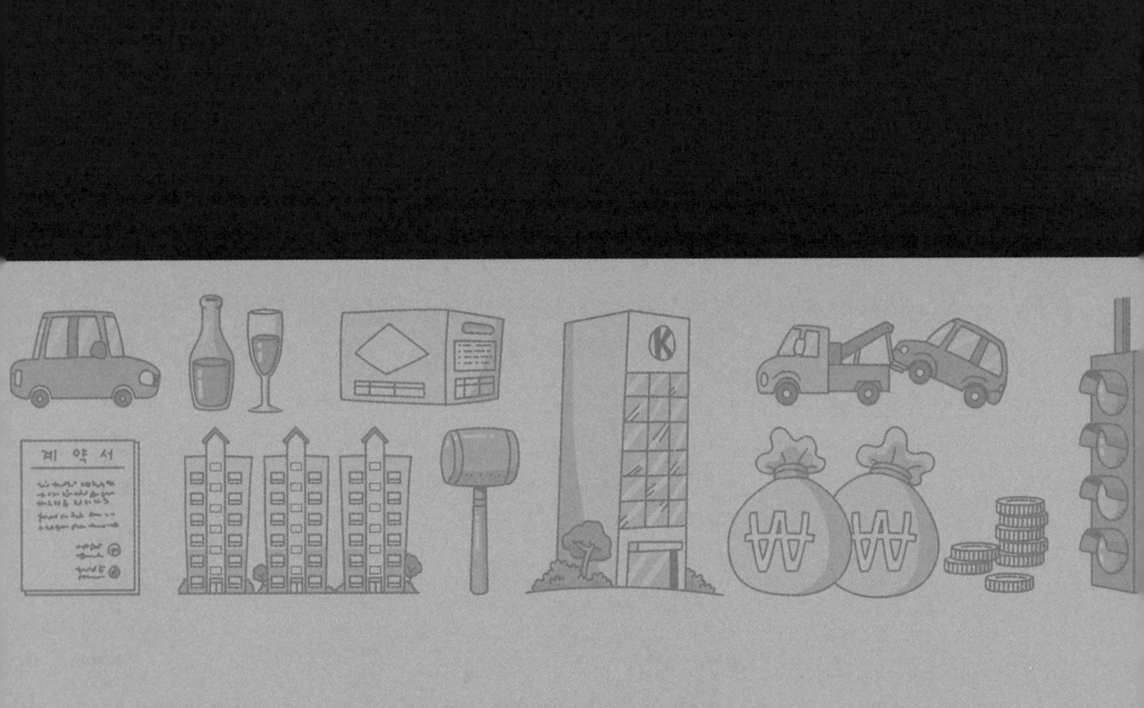

2부

알면 돈 되는 법률 서식

위 임 장

    원고(채권자 · 신청인)는 　시　　구　　동　　번지 ○○○를 대리인으로 정하고 아래 권한을 위임함.

아 래

1. 원고(채권자 · 신청인) ○○○, 피고(채무자 · 피신청인) ○○○ 간의 ○○지방법원 20　가단(또는 차 등) ○○호○○○ 사건 판결(또는 지급명령 등)의 집행력 있는 정본에 기하여 채무자 ○○○의 부동산에 대하여 강제경매신청을 하는 것과 이에 부수된 일체의 권한.

20　년　월　일

원고(채권자 · 신청인) 　　　　　　　　　　(인)

주소 :

공 증 촉 탁 서

접수 번호	–	문 서 명	
증서등부 번호	–		

아래 촉탁인은 위 공정증서 작성 ☐ 을 촉탁합니다.
　　　　　　 인증　　　　　 ☐

　　　　　　　　　　　　　　　 년　　월　　일
　　　　　　　　　　　　　　　 사무소 귀중

1 촉 탁 인	성명(법인명)	㊞	1 촉 탁 인	성명(법인명)	㊞
	생년월일(대표이사명)			생년월일(대표이사명)	
	주소(소재지)			주소(소재지)	
	위출석확인			위출석확인	
1 촉 탁 인	성명(법인명)	㊞	1 촉 탁 인	성명(법인명)	㊞
	생년월일(대표이사명)			생년월일(대표이사명)	
	주소(소재지)			주소(소재지)	
	위출석확인			위출석확인	

비고	

수 령 사 항	구분	통수	수령자확인	촉 탁 대 리 인 확 인	주민등록증		증인성명	
	증서정본				운전면허증		증인성명	
					공무원증		면식번호	
	증서등본		㊞		여권			
	인증서		㊞		영사증명서			
	법률행위의 목적가액　　　원	수수료　　　　원		주임	사무장	공증인

금전소비대차 채무변제계약 위임장

채권자 ○○○(이하 갑이라 칭함)는 ○○○를 대리인으로 하여 다음 사항에 의한 채무변제계약 공정증서를 작성하고, 채권자의 대리인에 대하여는 상기 공정증서에 집행문의 부여를 받는 권한을 위임한다.

다　　　음

1. 채 권 자　○○○
2. 채 무 자　○○○
3. 연대보증인　○○○
4. 채무 금액　금　　원 ○○년 ○월 ○일자 금전소비대차계약에 인한 것
5. 변제방법은 상기 원금을 ○○년 ○월 ○일부터 ○○년 ○월 ○일까지 ○일간 매월 금　　원씩 및 ○○년 ○월 ○일은 잔금　　원을 각 분할하여 지급하기로 한다.
6. 이자는 원금 100원에 대하여 1일 ○원으로 하고 제5항의 할부변제의 기일에 각 변제액에 대하여 대여일부터 변제일까지의 이자를 동시에 지급하여야 한다.
7. 기한 후 및 기한의 이익상실 후 지연손해금은 원금 100원에 대하여 1일 ○원으로 한다.
8. 채무자 을 또는 연대보증인 병은 다음 각호의 일에 해당하는 사실이 있으면 최고 없이 할부금의 이익을 상실하고 잔존 채무금을 일시에 지급하여야 한다.

(1) 제5항 및 제6항의 일부불 원리금의 지급을 1회라도 지체한 때

(2) 채무자 을 또는 연대보증인 병이 타의 채무에 대하여 가압류, 가

처분 또는 강제집행을 받거나 경매, 파산의 신청을 받은 때

(3) 전·폐업, 퇴직이나 채권자 갑에 대한 예고 없이 주소변경을 한 때

9. 채무자 을은 공정증서작성에 관한 일체의 비용을 부담하고 공정증
서 작성과 동시에 채권자 갑에게 지급하여야 한다.

10. 상기 각 항에 의한 채무불이행의 경우 을 및 병은 기한의 도래에
불구하고 채무금액을 청구받아도 이의를 할 수 없다.

11. 보증인 병은 채무자 을과 연대하여 본 채무이행의 책임을 진다.

12. 채무자 을 및 연대보증인 병은 채무자 을이 본건 채무를 이행하
지 않은 때는 즉시 강제집행을 받아도 이의를 하지 아니한다.

13. 채무자 을 및 연대보증인 병은 채권자 갑에 대한 채무의 완제에
이르기까지 본 공정증서 작성에 관한 대리권수여의 신청을 철회
하지 아니한다.

상기와 같이 위임하였으므로, 그 취지를 명확히 하기 위하여 본 위임
장을 작성하였다.

년　　월　　일

채 권 자 ○　○　○ (인)

시　　구　　동　　번지

채 무 자 ○　○　○ (인)

시　　구　　동　　번지

연대보증인 ○　○　○ (인)

시　　구　　동　　번지

내용증명서(임대차 계약 및 보증금 반환)

수신 : ○○○

주소 : 서울시 ○○구 ○○동 ○○○번지

발신 : ○○○

주소 : 서울시 ○○구 ○○동 ○○○번지

제목 : 임대차계약 종료에 따른 계약해지통보 관련 내용증명

부동산의 표시 : 서울시 ○○구 ○○동 ○○○번지 지상 건물 ○층

귀하의 무궁한 발전을 기원합니다.

다름이 아니옵고 귀하는 위 부동산의 소유주로서 이에 대하여 임대보증금 금○○○원, 임대기간을 2007. ○. ○.부터 2년간으로 하는 임대차계약을 본인과 체결하였던 바 돌아오는 2009. ○. ○.이 임대기간이 종료되는 날로서 본인은 더 이상 계약을 연장할 의사가 없어 본 내용증명을 통하여 임대기간이 종료됨과 동시에 본 계약을 해지할 것을 통보하는 바입니다.

따라서 본인은 계약이 종료되는 대로 위 부동산을 귀하에게 명도할 것이므로 귀하 또한 차질 없이 본인에게 위 임대보증금을 지급하여주실 것을 부탁드립니다.

본 내용증명서를 발송하는 것은 서로 간의 의사표현을 서면상으로 하는 것이 현명할 것으로 판단되어 발송하는 것이오니 부디 너그러운 마음으로 이해하시기 바랍니다.

20 . . .

발신인 ○○○ (인)

위 임 장

1. 위임자 인적사항

　　주 소 :

　　성 명 :

　　주민등록번호 :

2. 수임자 인적사항

　　주 소 :

　　성 명 :

　　주민등록번호 :

3. 위임한 부동산의 표시

　　주 소 :

　　구 분(토지, 건물, 아파트 등) :

4. 위임한 권한 및 금액

　　위임한 권한(매매계약 체결, 임대계약 체결 등) :

　　위임한 부분 :

　　기 타 :

본인은 상기와 같이 부동산에 관한 권한을 위임합니다.

20 　 년 　 월 　 일

위 임 자 　　　　　(인)

수 임 자 　　　　　(인)

* 첨부: 위임자의 인감증명서 1부

부동산 가압류 신청

채 권 자 ○○○

　　○○시 ○○구 ○○동 ○○(우편번호 ○○○-○○○)

　　전화 · 휴대폰번호:

　　팩스번호, 전자우편(e-mail)주소:

채 무 자 ○○○

　　○○시 ○○구 ○○동 ○○(우편번호 ○○○-○○○)

　　전화 · 휴대폰번호:

　　팩스번호, 전자우편(e-mail)주소:

청구채권의 표시

금 ○○○원

○○시 ○○구 ○○동 ○○에 있는 점포에 대하여 임대차기간 종료에 의한 임대차보증금반환채권

가압류하여야 할 부동산의 표시

별지 제1목록 기재와 같습니다.

신 청 취 지

채권자의 채무자에 대한 위 청구채권을 보전하기 위하여 채무자 소유 별지 제1목록 기재 부동산을 가압류한다.
라는 재판을 구합니다.

신 청 이 유

1. 채권자는 채무자와 20○○. ○. ○. 채무자 소유의 ○○시 ○○구 ○○동 ○○에 있는 점포 66㎡를 임차보증금 ○○○원에 임대기간을 ○○개월로 하여 임차한 사실이 있습니다.
2. 채무자는 기간이 만료되었음에도 불구하고 전세보증금을 반환하지 아니하고 채권자에게 전세를 놓아서 나가라고만 하고 기일만 연기할 뿐만 아니라, 근래에 와서 별지 1목록 기재 부동산을 매매하려고 하고 있으므로, 만약 별지 1목록 기재 부동산을 다른 사람에게 매도하면 채무자는 재산이 전혀 없어지는 상태입니다.

3.그리고 담보제공은 공탁보증보험증권(○○보증보험주식회사 증권번
  호 제○○호)을 제출하는 방법으로 할 수 있도록 허가하여주시기 바
  랍니다.

첨 부 서 류

1. 부동산전세계약서   1통
1. 부동산등기부등본   1통
1. 가압류신청진술서   1통
1. 송달료납부서   1통

20○○. ○. ○.

위 채권자 ○○○(서명 또는 날인)

○○지방법원 ○○지원 귀중

[별 지 1]

부동산의 표시

1. ○○시 ○○구 ○○동 ○○-○○
   대 157.4㎡

1. 위 지상
   벽돌조 평슬래브지붕 2층주택
   1층 74.82㎡
   2층 74.82㎡
   지층 97.89㎡. 끝.

가압류 신청 진술서

채권자는 가압류 신청과 관련하여 다음 사실을 진술합니다. 다음의 진술과 관련하여 고의로 누락하거나 허위로 진술한 내용이 발견된 경우에는, 그로 인하여 보정명령 없이 신청이 기각되거나 가압류이의절차에서 불이익을 받을 것임을 잘 알고 있습니다.

20 . . .

채권자(대리인)　　　　　　　　　　(날인 또는 서명)

◇ 다 음 ◇

1. 피보전권리와 관련하여

가. 채무자가 신청서에 기재한 청구채권을 인정하고 있습니까?

　　☐ 예

　　☐ 아니오 → 채무자의 주장의 요지 :

나. 채무자가 청구채권과 관련하여 오히려 채권자로부터 받을 채권을 가지고 있다고 주장하고 있습니까?

　　☐ 예 → 채무자의 주장의 요지 :

　　☐ 아니오

다. 채권자가 신청서에 기재한 청구금액은 본안소송에서 승소할 수 있는 금액으로 적정하게 산출된 것입니까?(과도한 가압류로 인해 채무자가 손해를 입으면 배상하여야 함)

　　☐ 예　　　☐ 아니오

2. 보전의 필요성과 관련하여

가. 채권자가 채무자의 재산에 대하여 가압류하지 않으면 향후 강제집행이 불가능하거나 매우 곤란해질 사유의 내용은 무엇입니까?(필요하면 소명자료를 첨부할 것)

나. [유체동산가압류 또는 채권가압류사건인 경우] 채무자에게는 가압류할 부동산이 있습니까?

    □ 예

    □ 아니오 → 채무자의 주소지 소재 부동산등기부등본을 첨부할 것

다. ["예"라고 대답한 경우] 가압류할 부동산이 있다면, 부동산가압류 이외에 유체동산 및 채권가압류신청을 하는 이유는 무엇입니까?

    □ 이미 부동산상의 선순위 담보 등이 부동산가액을 초과함
    → 부동산등기부등본 첨부할 것

    □ 기타 사유 → 내용 :

3. 본안소송과 관련하여

가. 채권자는 신청서에 기재한 청구채권(피보전권리)의 내용과 관련하여 채무자를 상대로 본안소송을 제기한 사실이 있습니까?

    □ 예　　□ 아니오

나. ["예"로 대답한 경우]

    ① 본안소송을 제기한 법원·사건번호·사건명은?

    ② 현재 진행상황(소송이 계속중인 경우)은?

    ③ 소송 결과(소송이 종료된 경우)는?

다. ["아니오"로 대답한 경우] 채권자는 본안소송을 제기할 예정입니까?

　　　□예 → 본안소송 제기 예정일 :
　　　□아니오

4. 중복가압류와 관련하여

가. 채권자는 이 신청 이전에 채무자를 상대로 동일한 가압류를 신청하여 기각된 적이 있습니까?

　　　□예　　　□아니오

나. 채권자는 신청서에 기재한 청구채권을 원인으로, 이 신청과 동시에 또는 이 신청 이전에 채무자의 다른 재산에 대하여 가압류를 신청한 적이 있습니까?

　　　□예　　　□아니오

다. ["예"로 대답한 경우]

　　　①동시 또는 이전에 가압류를 신청한 법원 · 사건번호 · 사건명은?

　　　②현재 진행상황은?

　　　③신청 결과(취하/각하/인용/기각 등)는?

◇ 유 의 사 항 ◇

채무자가 여럿인 경우에는 각 사람별로 이 서면을 작성하여야 합니다

부동산매매계약서

　매도인 ○ ○ ○(이하 "갑"이라 한다)과 매수인 ○ ○ ○(이하 "을"이라 한다)
은 아래 표시의 부동산에 관하여 다음과 같이 합의하여 계약을 체결한다.

〈부동산의 표시〉

소재지						
토지	지목		면적	면적	m²(	평)
건물	구조 및 용도		면적	면적	m²(	평)

　제1조(목적) 갑은 그 소유의 위 부동산을 을에게 매도하고 을은 이를
매수한다.

　제2조(매매대금) ① 매매대금은 금○○○원으로 하고 다음과 같이 지
급하기로 한다.

계약금	금	원은 계약체결 시에 지급하고
중도금	금	원은　년　월　일에 지급하며
잔금	금	원은　년　월　일에 지급하기로 함.

　② 제1항의 계약금은 잔금수령 시에 매매대금의 일부로 충당한다.

　제3조(소유권이전 및 매매물건의 인도) 갑은 을의 잔금지급과 동시에 소
유권이전등기에 필요한 서류를 을에게 교부하고 이전등기절차에 협력하
여야 하며 갑의 비용과 책임으로 매매부동산을 을에게 인도하여야 한다.

제4조(저당권 등의 말소) 갑은 위 제3조의 인도 전에 매매부동산상의 저당권, 질권, 전세권, 지상권, 임차권 기타 소유권의 행사를 제한하는 일체의 권리를 말소시켜야 한다.

제5조(부속물의 이전) 위 제3조의 인도 시 매매부동산에 부속된 물건은 매매목적물에 포함된 것으로 한다.

제6조(매도인의 담보책임) 매매부동산은 계약 시의 상태를 대상으로 하며 공부상의 표시와 실제가 부합하지 아니하여도 쌍방이 이의를 제기하지 않기로 한다.

제7조(위험부담) ① 매매부동산의 인도 이전에 불가항력으로 인하여 매매부동산이 멸실 또는 훼손되었을 경우에는 그 손해는 갑의 부담으로 한다.

② 제1항의 경우에 을이 계약을 체결한 목적을 달성할 수 없을 때에는 을은 계약을 해제할 수 있으며 이때 갑은 이미 수령한 대금을 을에게 반환하여야 한다.

제8조(계약의 해제) ① 위 제2조의 중도금 지급(중도금약정이 없을 때에는 잔금) 전까지 을은 계약금을 포기하고, 갑은 계약금의 배액을 상환하고 계약을 해제할 수 있다.

② 당사자 어느 일방이 본 계약을 위반하여 이행을 태만히 한 경우 상대방은 1주간의 유예기간을 정하여 이행을 최고하고, 일방이 이 최고의 기간 내에 이행을 하지 않을 경우에 상대방은 계약을 해제할 수 있다.

제9조(위약금) 위 제8조 제2항에 의하여 갑이 본 계약을 어겼을 때에는 계약금으로 받은 금액의 2배를 을에게 주기로 하고, 을이 본 계약을 어겼을 때에는 계약금은 갑에게 귀속되고 돌려달라는 청구를 할 수 없다.

제10조(비용) 매도증서작성비용 및 이에 부대하는 비용은 갑이 부담하고 소유권이전등기에 필요한 등록세 등의 비용은 을이 부담한다.

제11조(공과금 등) 매매물건에 부과되는 조세공과 · 제비용 및 매매물
건에서 발생하는 수익은 모두 인도일을 기준으로 하여 그 전일까지 생긴
부분은 갑에게 귀속하고 그 이후부터는 을에게 귀속한다.

제12조(관할 법원) 이 계약에 관한 분쟁이 발생할 시에는 소송의 관할
법원은 매매부동산의 소재지를 관할하는 법원으로 한다.

이 계약을 증명하기 위하여 계약서 2통을 작성하여 갑과 을이 서명 ·
날인한 후 각각 1통씩 보관한다.

20○○년 ○월 ○일

매 도 인	주소					
	성명 또는 상호	인	주민등록번호 또는 사업자등록번호	–	전화 번호	
매 수 인	주소					
	성명 또는 상호	인	주민등록번호 또는 사업자등록번호	–	전화 번호	
입 회 인	주소					
	성명 또는 상호	인	주민등록번호 또는 사업자등록번호	–	전화 번호	

부동산 처분금지 가처분 신청

채권자 ○○○

　　○○시 ○○구 ○○동 ○○(우편번호 ○○○-○○○)

　　전화 · 휴대폰번호:

　　팩스번호, 전자우편(e-mail)주소:

채무자 ◇◇◇

　　○○시 ○○구 ○○동 ○○(우편번호 ○○○-○○○)

　　등기부상 주소 ○○시 ○○구 ○○동 ○○○

　　전화 · 휴대폰번호:

　　팩스번호, 전자우편(e-mail)주소:

목적물의 표시

별지목록 기재와 같습니다.

목적물의 가격

금 ○○○원

피보전권리의 요지

　20○○. ○. ○. 대금 124,500,000원의 매매를 원인으로 한 소유권이
전등기청구권

신 청 취 지

　채무자는 별지목록 기재 부동산에 대하여 매매, 증여, 저당권설정 그 밖에 일체의 처분행위를 하여서는 아니 된다.
라는 재판을 구합니다.

신 청 이 유

1. 채권자는 별지목록 기재 부동산을 채무자로부터 20○○. ○. ○. 금 124,500,000원에 매수하기로 하는 매매계약을 체결하면서, 같은 해 10. 21. 금 10,000,000원을 계약금으로 지불하고, 같은 해 11. 13. 중도금으로 금 50,000,000원을 지불하였으며, 잔금은 같은 해 12. 15. 금 64,500,000원을 지불하기로 하였습니다.

2. 그 뒤 채권자는 위 매매계약에 정해진 날짜에 계약금과 중도금을 지급하고, 잔금지급기일에 잔금 64,500,000원을 지급 제시하였으나, 채무자는 매매대금을 올려줄 것을 요구하면서 소유권이전등기에 필요한 서류의 교부를 거절하고 있습니다.

3. 따라서 채권자는 위 잔금 64,500,000원을 ○○지방법원 20○○년 금 제○○○호로 변제공탁하고 채무자를 상대로 소유권이전등기 절차이행청구의 소송을 준비 중에 있는데, 채무자는 별지목록 기재 부동산을 다른 사람에게 처분할 우려가 있으므로, 위 청구권의 집행보전을 위하여 이 사건 신청에 이른 것입니다.

4. 한편, 채권자는 경제적 여유가 없으므로 이 사건 부동산처분금지 가처분명령의 손해담보에 대한 담보제공은 민사집행법 제19조 제3항, 민사소송법 제122조에 의하여 보증보험주식회사와 지급보증

위탁계약을 맺은 문서를 제출하는 방법으로 담보제공을 할 수 있
도록 허가하여주시기 바랍니다.

소 명 방 법

1. 소갑 제1호증   부동산매매계약서
1. 소갑 제2호증의 1, 2   영수증(계약금 및 중도금)
1. 소갑 제3호증   공탁서

첨 부 서 류

1. 위 소명방법   각 1통
1. 부동산등기부등본   1통
1. 토지대장등본   1통
1. 건축물대장등본   1통
1. 송달료납부서   1통

20○○. ○. ○.

위 채권자 ○○○ (서명 또는 날인)

○○지방법원 귀중

부동산의 표시

1. 1동의 건물의 표시

　　○○시 ○○구 ○○동 ○○○ ○○아파트 제101동

　　철근콘크리트 평슬래브지붕 15층 아파트

　　　1층 539.97㎡

　　　2 내지 15층 각 519.12㎡

　　　지층 454.98㎡

　　전유부분의 건물의 표시

　　　건물의 번호 101-4-405

　　　구　　　조 철근콘크리트조

　　　면　　　적 39.60㎡

2. 대지권의 목적인 토지의 표시

　　○○시 ○○구 ○○동 ○○○ 대 39,883.1㎡

　　대지권의 표시

　　소유권대지권 39,883.1분의 29.734. 끝.

사무실 임대차 계약서

○○시 ○○구 ○○동 ○○번지

1. 철근 콘크리트 3층 건물

1. 목조 와즙　　2층 건물 1동의　　　내　　제 ○○호실(　㎡　합)

위 귀사 소유 물건 및 그 정착물·부속품 모두를 20　년 ○○월 ○○일부터 본인이 임차합니다. 따라서 아래 조항을 굳게 지켜 추호도 위배함이 없을 것을 확약합니다.

제1조 임대차의 존속기간은 20　년　월　일로부터 향후 5년간으로 한다. 단 존속기간 만료의 때는 상호 협의하여 위 기간을 연장할 수 있다.

제2조 임대료는 월 금 ○○○원으로 정하여 매월 말일까지 그 월분의 연대료와 함께 임대인 주소에 지참 지급한다.

제3조 임차인은 본 임대차의 증거로서 금일 보증금○○○원을 임대인에게 교부한다. 전항의 보증금에는 이자를 가하지 않는다.

제4조 임대료는 제2조와 같이 정하나 장래 법령의 개정이나, 기타 일반 임료의 증액 또는 토지·건물에 대한 조세 기타 부담의 증가 또는 일반 경제상태의 변동에 따라 인접건물의 임료 등을 참작하여 쌍방 협의한 후 변경할 수 있다.

제5조 임차인은 본 임대물건을 사무실로서 그 본래의 용도에 따라 선량한 관리자로서 사용한다.

제6조 임차인은 아래에 열기한 행위를 아니한다.

　　1. 임차물건의 용도의 변경

　　2. 임차권의 양도

　　3. 차물건의 전대

　　4. 명의 여하를 불문하고 사실상 타인에게 사용케 하는 행위

　　5. 임차물건의 개조 기타 물건의 원상을 변경케 하는 일체의 공작 가공을 하는 행위

　　6. 비치, 동산을 타에게 반출하는 행위

제7조 임차인은 자기 또는 사용인 등의 과실이나 태만으로 인하여 임차물의 전부 또는 일부를 훼손시켰을 때는 임대인의 지시에 따라 즉시 그 수선을 이행하거나 그 양정액의 손해배상을 하여야 한다.

제8조 임차인은 임차물건에 관하여 제세공과를 제외한 수도사용료, 전등료, 유리파손, 보수료, 형광등 대체 또는 부속기구의 파손 대체료, 도시가스대, 전화료, 기타 자기가 사용함으로써 생기는 일체의 비용을 부담 지급한다.

제9조 임차인은 공공사업을 위하여 임차물건이 개조 또는 수거되어야 할 경우는 언제라도 임대인의 청구에 응하여 이의 없이 물건 전부의 반환을 하고, 결코 임대인에 대하여 그 손해의 구상을 하지 아니한다.

제10조 임차인이 다음 각호에 해당했을 때 임차인은 최고 없이 즉시 본 계약을 해제할 수 있다.

　　1. 1회 이상 실료 및 부대료의 지급을 지체했을 때.

　　2. 타의 채무로 인하여 재산의 압류, 가압류, 가처분 등을 받거나 경매, 파산 등의 신청을 받았을 때.

3. 본 계약의 각 조항에 위반했을 때.

제11조 임차인은 본 계약의 만료 또는 해제로 인하여 계약이 종료되는 때는 본 임대차 물건을 즉시 임대인에게 반환하여야 한다.

제12조 임차인은 전조의 물건을 반환함에 있어서는 임대인이 입회한 자리에서 물건 전부의 점검을 하고, 만약 임대인의 승락없이 설치 가공한 것이 있을 때는 모두 원상으로 회복하여야 한다. 임차인이 그 의무를 이행하지 않을 때는 임대인은 임차인의 비용으로서 이를 대행할 수 있다. 임차인은 그 지출비용에 관하여 상당이자를 부가하여 즉시 임대인에게 상환하여야 한다. 또 임대인이 원상회복을 원하지 아니하여 무상인도를 요구했을 때는 이의 없이 이에 응하며 그 대상요구를 하지 않는다.

제13조 차인은 임차물건을 반환함에 있어서 그 반환을 태만히 했을 때는 그 반환 완료에 이를 때까지 약정 실료와 동액의 손해금을 지급한다.

제14조 임차인은 본 임차물건의 사용에 관하여는 법률, 규칙, 관공서의 지시, 조합규약, 관습 등을 준수하고, 조금이라도 벌칙에 저촉되거나 위생상 유해한 행위 또는 인근 불편을 끼치는 등, 모든 임대인의 폐를 끼치는 행위를 결코 하지 않는다.

제15조 본 임대차 계약의 효력은 하기 사항이 발생한 때에는 최고 기타 절차 없이 당연히 소멸한다.

1. 임차인이 임차물건으로부터 퇴거했을 때.

2. 임차물건이 화재 · 천재 등으로 인하여 대파 또는 멸실했을 때.

제16조 임대인은 임차인이 본 계약을 완전히 이행하여 물건을 반환한 때 별도로 구상해야 할 것이 없을 경우에는 제3조의 보증

금을 임차인에게 환부하여야 한다. 단 실료 및 부대료 또는
손해금, 공과의 체납 기타 임차인이 부담해야 할 채무미지급
금이 있을 때는 해당 보증금 중에서 임의로 이를 공제하여도
임차인은 이의를 하지 아니한다. 임차인 또는 그 사용인 등의
과실로 인하여 본 임차물건의 일부 또는 전부가 분실된 때는
제3조의 보증금 전부는 임대인에게 귀속되고 그 반환을 구하
지 않는다.

제17조 임차인이 임차 후 3년 이내에 그 일방적 사유 또는 제10조 소
정의 규정에 따라 임대차계약을 끝마쳤을 때는 제3조 소정의
보증금의 3할을, 또 5년 이내일 때는 2할의 임대인의 위약 손
해금으로서 취득하여도 임차인은 이의를 하지 아니한다.

제18조 임차인은 본 계약 보증금채권으로서 실료 및 부대료 등의 채
무와 상계할 수 없다. 또 보증금 채권은 타에 양도 또는 처분
할 수 없다. 또한 보증금 보관증서의 재발행은 이를 일체 하
지 않는다.

제19조 연대보증인은 본 계약에 관하여 임차인과 동등의 의무를 부
담한다.

제20조 임차인이 본 임차물건을 완전히 명도한 후 30일을 경과한 후
보증금을 환부한다.

제21조 임차인 사용의 비치, 내선, 전화는 현상태로 임차인이 상용하
되 임차인은 전화를 사용하지 아니하여도 기본료 등을 부담
한다. 후일을 위해 보증인 연서로서 본 임대차계약증서를 제
공합니다.

20 　 년 　 월 　 일

임대인
(갑)

주　소 :
성　명 :　　　　　　　　　　(인)
연락처 :

임대인
(을)

주　소 :
성　명 :　　　　　　　　　　(인)
연락처 :

연대
보증인
(을)

주　소 :
성　명 :　　　　　　　　　　(인)
연락처 :

소　　장

원　고　○○○(주민등록번호)

　　　　○○시 ○○구 ○○동 ○○(우편번호 ○○○-○○○)

　　　　전화 · 휴대폰번호:

　　　　팩스번호, 전자우편(e-mail)주소 :

피　고　○○○(주민등록번호 또는 한자)

　　　　○○시 ○○구 ○○동 ○○(우편번호 ○○○-○○○)

　　　　전화 · 휴대폰번호:

　　　　팩스번호, 전자우편(e-mail)주소 :

임대료 및 손해배상청구의 소

청 구 취 지

1. 피고는 원고에게 20○○. ○○. ○○.부터 이 사건 소장부본 송달 일까지는 연 5%의, 그다음 날부터 다 갚는 날까지는 연 20%의 각 비율에 의한 돈을 지급하라.

2. 소송비용은 피고의 부담으로 한다.

3. 위 제1항은 가집행할 수 있다.

라는 판결을 구합니다.

청 구 원 인

1. 원·피고의 신분관계

   원고는 ○○시 ○○구 ○○동 ○○ 소재 1층 상가 30㎡의 상가임대차계약에 있어서 임대인이고, 피고는 위 상가의 임차인입니다.

2. 원고는 20○○. ○. ○. 피고와 ○○시 ○○구 ○○동 ○○ 소재 상가 1층 30㎡를 임대차보증금 5,000,000원, 월임대료를 금 1,000,000원, 20○○. ○. ○.부터 임차기간을 12개월로 각 약정하고 상가임대차계약을 부동산중개사무소에서 체결하였습니다.

3. 피고는 위 상가 입주일에 임대차보증금 5,000,000원을 지급하고 입주하여 ○○이라는 상호로 농수산물도소매를 하면서 20○○. ○. ○.까지는 월임대료를 제때에 지급하다가 피고가 도박에 빠지자 가게문을 제대로 열지도 아니하는 등 불성실한 영업으로 인하여 매출이 격감하여 20○○. ○. ○○.부터 월임대료를 연체하기 시작하였습니다.

4. 피고는 원고에게 월임대료를 지급할 수 없게 되자 원고에게 임대차보증금에서 월임대료를 공제하고 임대차보증금이 소진될 때 상가를 원고에게 명도하여주겠다는 피고의 약속을 믿고 원고는 부득이 이에 동의를 하였으나 피고는 임대차보증금 5,000,000원을 모두 소진한 뒤에도 계속 명도를 거부하다가 겨우 20○○. ○○. ○. 위 상가를 원고에게 명도하였습니다.

5. 또한, 피고는 상가를 임차한 임차인으로 상가건물을 통상 용도에 맞게 사용하여야 함에도 불구하고 피고는 무단으로 대형창문을 폐쇄하고 벽돌막음 공사를 하여 영업을 하였는바, 피고는 명도 시 이를 원상회복하여 원고에 명도하여야 함에도 불구하고 그대로 방치된 상태로 명도하였으므로, 원고는 부득이 금 1,000,000원을 들여

이를 원상회복하였습니다.

6. 따라서 피고는 월임대료 금 4,000,000원과 상가시설 훼손에 따른 손해금 1,000,000원 합계 금 5,000,000원을 원고에게 지급할 의무가 있다 할 것입니다.

7. 그렇다면 피고는 원고에게 금 5,000,000원 및 이에 대한 위 상가건물 명도일의 다음 날인 20○○. ○○. ○○.부터 이 사건 소장부본 송달일까지는 민법에서 정한 연 5%의, 그다음 날부터 다 갚는 날까지는 소송촉진등에관한특례법에서 정한 연 20%의 각 비율에 의한 지연손해금을 지급할 의무가 있으므로 원고는 이를 지급받기 위하여 이 사건 청구에 이른 것입니다.

입 증 방 법

1. 갑 제1호증	임대차계약서
1. 갑 제2호증	견적서
1. 갑 제3호증	영수증
1. 갑 제4호증	통고서
1. 갑 제5호증	답변서

첨 부 서 류

1. 위 입증방법	각 1통
1. 소장부본	1통
1. 송달료납부서	1통

20○○. ○. ○.

위 원고　○○○(서명 또는 날인)

○○지방법원　귀중

인감증명 신청서

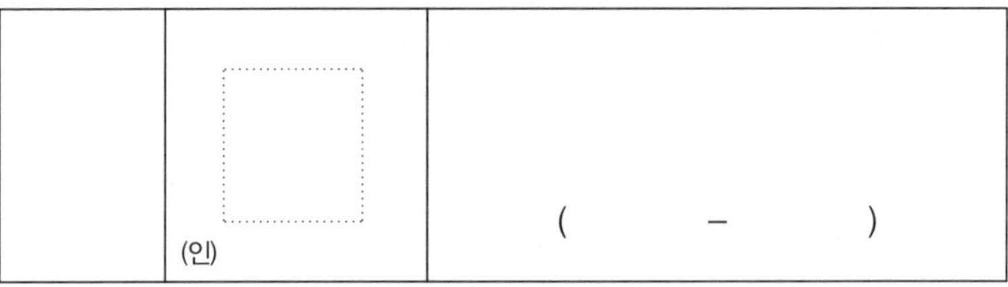

<table>
<tr><td></td><td>(인)</td><td>(　　　－　　　)</td></tr>
</table>

위 인감은　　　　　가 사용하는 인감으로 귀원에 제출된 인감과 틀림없음을 증명하여 주시기 바랍니다.

년　　　　월　　　　일

신청인　　　　　　　㊞

대리인　　　　　　　㊞

지방법원　　　지원　　　등기과(소) 귀중

용도	부동산 매도용	매 수 자	주소		주민등록 (등기용등록) 번호	
			성명 (법인)			

위 인감은 당원에 비치한 인감부와 대조하여 틀림없음을 증명합니다.

년　　　　월　　　　일

대조

지방법원　　　지원 등기과(소) 등기공무원　㊞

신청통수		통	수수료의 금액	금	원정

* 상업등기처리규칙 제 31조의 규정에 의하여 부동산매도용이 아닌 경우에는 용도를 기재하지 아니합니다.

자동차 가압류 신청

채 권 자 ○○○

　　　○○시 ○○구 ○○동 ○○(우편번호 ○○○-○○○)

　　　전화 · 휴대폰번호 :

　　　팩스번호, 전자우편(e-mail)주소 :

채 무 자 ○○○

　　　○○시 ○○구 ○○동 ○○(우편번호 ○○○-○○○)

　　　전화 · 휴대폰번호 :

　　　팩스번호, 전자우편(e-mail)주소 :

청구채권의 표시: 금 9,034,999원(20○○. ○○.자 교통사고로 인한 손해배상청구채권)

가압류하여야 할 자동차의 표시: 별지 제1목록 기재와 같습니다.

신 청 취 지

채권자가 채무자에 대하여 가지고 있는 위 청구채권의 집행을 보전하기 위하여 채무자 소유의 별지 제1목록 기재의 자동차를 가압류한다.
라는 재판을 구합니다.

신 청 이 유

1. 당사자들의 신분관계

　채권자는 이 사건 사고의 피해자 본인이고, 채무자는 이 사건 가해차량인 서울 ○○마○○○○호 그랜져 승용차의 소유자이며, 신청외 ◆◆◆는 채무자의 아들로서 위 사고차량의 운전자입니다.

2. 손해배상책임의 발생

　가. 사고의 발생

　신청외 ◆◆◆는 20○○. ○. ○. 02:00경 ○○시 ○○구 ○○동 ○○ 노상에서 위 가해차량을 정차하고 있던 중 채권자가 위 가해차량을 좀 빼달라고 한다는 이유로 오히려 자신이 운전하던 위 가해차량으로 채권자의 무릎을 1차 충격하였고, 이로 인하여 채권자는 양측슬관절 염좌 및 좌상을 입었습니다.

　나. 채무자의 귀책사유

　위와 같이 신청외 ◆◆◆는 자동차운전자로서 고의적인 사고로 채권자를 상해하였으므로 이 사건 가해차량의 소유자인 채무자는 자동차손해배상보장법 제3조에서 정한 자기를 위하여 자동차를 운행하는 자로서 위 사고로 인하여 채권자가 입게 된 모든 손해를 배상할 책임이 있다 할 것입니다.

3. 손해배상의 범위

　가. 채권자의 일실수입

　(1) 성별, 연령, 평균여명

　채권자는 19○○. ○. ○.생의 남자로서 이 사건 사고 당시 만 ○○세 남짓. 평균여명은 ○○년가량입니다.

(2) 직업 및 소득실태

사고 당시 채권자는 택시운전기사로 근무하면서 1일 금 ○○○원 상당의 급여소득을 얻고 있었습니다.

(3) 입원치료기간, 호프만지수

20○○. ○. ○. ― 20○○. ○○. ○○.까지(5개월 10일)

5개월 10일에 상당하는 호프만지수 : 5.26364212{=5개월의 호프만지수+(6개월의 호프만지수―5개월의 호프만지수)×10/30}

(4) 계산

금 ○○○원×5.26364212 = 금 ○○○원

나. 치료비

채권자는 위의 상해를 치료하기 위하여 ○○시 ○○구 ○○동 ○○◎◎의원에서 입원치료비로 금 ○○○원을 지출하였습니다.

다. 위자료

금 ○○○원

참작사유 : 채권자의 나이, 직업, 신청외 ◆◆◆의 고의, 채권자의 가족관계 등

4. 결론

그러므로 채무자는 채권자에게 금 ○○○원(일실수입 금 ○○○원+치료비 금 ○○○원+위자료 금 ○○○원) 및 이에 대하여 이 사건 사고일인 20○○. ○. ○.부터 다 갚는 날까지 민법에서 정한 지연손해금을 지급할 의무가 있다 할 것이므로, 채권자는 채무자를 상대로 손해배상(자)청구의 소송을 제기하고자 준비 중인데 그 본안소송의 종결까지 상당한 시일이 걸리고 채무자의 다른 재산을 알 수 없는 상태에서 그동안 별지 제1목록 기재 자동차가 처분될 경우 소송의 목적을 달성할 수 없으므로 그 집행을 보전하기 위하여 부득이 이 사건 가압류신청에 이른 것입니다.

5. 담보제공

  이 사건 담보제공은 공탁보증보험증권(○○보험주식회사 증권번호 제○
○○-○○○-○○○호)을 제출하는 방법에 의할 수 있도록 허가하여주시
기 바랍니다.

소 명 방 법

  1. 소갑 제1호증   주민등록표등본
  1. 소갑 제2호증   교통사고사실확인원
  1. 소갑 제3호증의 1, 2   각 진단서
  1. 소갑 제3호증의 3   입원·통원치료확인서
  1. 소갑 제4호증의 1   치료비계산서
  1. 소갑 제4호증의 2   치료비영수증
  1. 소갑 제5호증의 1, 2   한국인표준생명표 표지 및 내용
  1. 소갑 제6호증의 1, 2   월간거래가격표지 및 내용

첨 부 서 류

  1. 위 각 소명방법   각 1통
  1. 자동차등록원부   1통
  1. 가압류신청진술서   1부
  1. 송달료납부서   1통

20○○. ○. ○.

위 채권자 ○○○ (서명 또는 날인)

○○지방법원 귀중

자동차의 표시

자동차등록번호　　서울○○마○○○○

형식승인번호　　1-00187-0011-○○○○

차 명　　○○○

차 종　　승용자동차

차대번호　　KMHMF21FPVU○○○○○

원동기 형식　　G4CP

연식　　20○○년

최종 소유자　　◇◇◇

사용본거지　　○○시 ○○구 ○○동 ○○. 끝.

가압류 신청 진술서

    채권자는 가압류 신청과 관련하여 다음 사실을 진술합니다. 다음의 진술과 관련하여 고의로 누락하거나 허위로 진술한 내용이 발견된 경우에는, 그로 인하여 보정명령 없이 신청이 기각되거나 가압류이의절차에서 불이익을 받을 것임을 잘 알고 있습니다.

20 . . .

채권자(대리인)　　　　　　　　　　(날인 또는 서명)

◇ 다　음 ◇

1. 피보전권리와 관련하여

가. 채무자가 신청서에 기재한 청구채권을 인정하고 있습니까?

　　□예

　　□아니오 → 채무자의 주장의 요지 :

나. 채무자가 청구채권과 관련하여 오히려 채권자로부터 받을 채권을 가지고 있다고 주장하고 있습니까?

　　□예 → 채무자의 주장의 요지 :

　　□아니오

다. 채권자가 신청서에 기재한 청구금액은 본안소송에서 승소할 수 있는 금액으로 적정하게 산출된 것입니까?(과도한 가압류로 인해 채무자가 손해를 입으면 배상하여야 함)

　　□예　　□아니오

2. 보전의 필요성과 관련하여

가. 채권자가 채무자의 재산에 대하여 가압류하지 않으면 향후 강제
집행이 불가능하거나 매우 곤란해질 사유의 내용은 무엇입니까
(필요하면 소명자료를 첨부할 것)

나. [유체동산가압류 또는 채권가압류사건인 경우] 채무자에게는 가
압류할 부동산이 있습니까?

    □ 예

    □ 아니오 → 채무자의 주소지 소재 부동산등기부등본을 첨부
할 것

다. ["예"라고 대답한 경우] 가압류할 부동산이 있다면, 부동산가압류
이외에 유체동산 및 채권가압류신청을 하는 이유는 무엇입니까?

    □ 이미 부동산상의 선순위 담보 등이 부동산가액을 초과함 →
부동산등기부등본 첨부할 것

    □ 기타 사유 → 내용 :

3. 본안소송과 관련하여

가. 채권자는 신청서에 기재한 청구채권(피보전권리)의 내용과 관련하
여 채무자를 상대로 본안소송을 제기한 사실이 있습니까?

    □ 예   □ 아니오

나. ["예"로 대답한 경우]

    ① 본안소송을 제기한 법원·사건번호·사건명은?

    ② 현재 진행상황(소송이 계속중인 경우)은?

    ③ 소송 결과(소송이 종료된 경우)는?

다. ["아니오"로 대답한 경우] 채권자는 본안소송을 제기할 예정입니까?

　　　□ 예 → 본안소송 제기 예정일 :

　　　□ 아니오

4. 중복가압류와 관련하여

가. 채권자는 이 신청 이전에 채무자를 상대로 동일한 가압류를 신청하여 기각된 적이 있습니까?

　　　□ 예　　　□ 아니오

나. 채권자는 신청서에 기재한 청구채권을 원인으로, 이 신청과 동시에 또는 이 신청 이전에 채무자의 다른 재산에 대하여 가압류를 신청한 적이 있습니까?

　　　□ 예　　　□ 아니오

다. ["예"로 대답한 경우]

　　　① 동시 또는 이전에 가압류를 신청한 법원 · 사건번호 · 사건명은?

　　　② 현재 진행상황은?

　　　③ 신청 결과(취하/각하/인용/기각 등)는?

◇ 유 의 사 항 ◇

채무자가 여럿인 경우에는 각 사람별로 이 서면을 작성하여야 합니다

전세권 설정계약서

"갑" 주소 :
　　상호 :
　대표자 :

"을" 주소 :
　　상호 :
　대표자 :

"갑"과 "을"은 다음과 같이 전세계약을 체결한다.

제1조 【전세권의 목적물의 표시】

1. "갑"은 "을"에게 아래의 부동산을 전세하고 전세권을 설정해준다.

전세물건의 표시

소유주
빌딩명

	층	호실	평(	) 〈공유면적 포함〉
	층	호실	평(	) 〈공유면적 포함〉
	층	호실	평(	) 〈공유면적 포함〉
		계	평(	) 〈공유면적 포함〉

2. "을"은 전세물건를   로 사용하기 위하여 전세하며, "갑"
   의 서면동의 없이는 타 용도로 사용할 수 없다.

제2조【전세권의 존속기간】
전세권의 존속기간은   년   월   일부터   년   월   일까
지로 한다.

제3조【전세금의 반환시기】
전세금의 반환시기는   년   월   일까지로 한다.
전세권 설정자가 위 기일까지 전세금을 반환치 않을 시는 반환 시까지
연 19%의 지연이자를 적용하여 전세권자에게 지급하기로 하며, 또한 전
세권 설정자는 지급일까지 명도 등을 주장할 수 없다.

제4조【선관의무】
전세권자는 전세목적물의 현상을 유지하고 선량한 관리자로서 전세목적
물의 사용용도에 맞게 관리를 하여야 한다.

제5조【보존의무】
"을"이 전세목적물의 원형을 "갑"의 승낙 없이 변경함으로써 그 가치가
현저하게 떨어졌을 경우에는 "갑"은 전세권의 소멸을 청구할 수 있다.

제6조【원상복구】
"을"이 그 사용수익을 위하여 "갑"의 승낙 없이 현상을 변경하였을 경우
에는 존속기간이 끝난 후 즉시 원상복구하여 "갑"에게 인도하여야 하며,
또한 목적물의 손해가 났을 경우에는 이를 배상하여야 한다.

제7조【내용변경 및 해석】
"갑"과 "을"은 서면합의에 의해 이 계약내용을 변경할 수 있다.
이 계약의 내용에 대하여 해석의 필요 시 "갑"과 "을"은 상호협의하여
원만히 해결한다.

제8조【합의관찰】
이 계약과 관련하여 발생하는 분쟁은 전세목적물의 소재지 관할법원에
의해 해결하기로 한다.

년   월   일

"갑" 주소 :
　　 상호 :
　　 대표자 :

"을" 주소 :
　　 상호 :
　　 대표자 :

지급명령에 대한 이의신청서

사　　건　2009차 대여금

채 권 자　○○○

채 무 자　○○○

위 독촉사건에 관하여 채무자는 20 ． ． ． 지급명령정본을 송달받았으나 이에 불복하여 이의신청을 합니다.

20 ． ． ．

이의신청인(채무자) (날인 또는 서명)

(연락처)

○○지방법원 귀중

채권가압류 결정에 대한 이의신청

채권자 ○ ○ ○
　　○○시 ○○구 ○○동 ○○번지

채무자 ○ ○ ○
　　○○시 ○○구 ○○동 ○○번지

제3채무자 주식회사 ○○
　　○○시 ○○구 ○○동 ○○번지
　　대표이사 ○　○　○

신 청 취 지

위 당사자 간 ○○지방법원 2009카 제○○호 채권가압류 사건에 관
하여 ○년 ○월 ○일 동법원에서 결정한 채권가압류결정을 취소한다.
　채권자의 본건 가압류신청을 기각한다.
　소송비용은 채권자의 부담으로 한다.
　라는 판결을 구합니다.

신 청 이 유

1. 채권자는 신청취지 기재의 가압류결정을 얻어 채무자의 임금을 가압류하였습니다. 위 가압류의 신청이유에 의하면 채권자는 채무자에게 2009. 1. 1. 금 20,000,000원을 변제기일 2009. 4. 1.로 하여 대여하였으나 채무자는 변제기일이 되어서도 돈을 갚지 않을 뿐만 아니라 채무자는 신용상태가 좋지 못하며 이 건 임금채권 이외에는 달리 알려진 재산도 없다고 주장하고 있습니다.

2. 채권자의 주장대로 금 20,000,000원을 빌린 것은 사실이지만 채무자는 2009. 3. 1. 위 금액 중 금 10,000,000원을 채권자에게 갚았으며 나머지 금액에 대해서는 2009. 9. 1.까지 변제기일을 연기하기로 채권자와 합의하였습니다.

3. 이상과 같은 이유로 채권자의 가압류 신청이유는 부당하므로 본건 가압류결정의 취소를 구하기 위하여 이 신청을 하는 것입니다.

소 명 방 법

1. 영수증   1부
2. 확인서(지불유예증명서)   1부

20 . . .
채 무 자 ○ ○○   (인)

○○지방법원 귀중

채무 부존재 확인서

청구인 :

주민등록번호 :

주소 :

사용용도 :

위 청구인은 당 은행(○○은행)에 대한 채무는 존재하지 아니함을 확인
한다.

20　　년 ○○월 ○○일

○○은행 ○○지점장

채무 잔액 확인서

1. 외상매출처

구분	내용	구분	내용
소재지		거래유형	
상호		거래개시일	
대표자		연락처		최근 평가등급	

2. 매출액

구분	직전년도(1년분)	금년분(1월 ~ 월)	비고
내용	₩	₩	

3. 매출채권(채무 잔액) 내역

구분	외상매출금			받을 어음		
	금액	입금예정일	연체여부	금액	입금예정일	연체여부
소계	₩					
합계	₩			(연체 중인 금액 : ₩　　　　)		

주) 외상매출금: 총 외상매출채권 중 받을어음(당좌수표 포함) 금액을 차감한 금액
받을어음 : 외상매출에 대한 결제수단으로 청구한 어음, 당좌수표 금액

4. 기 취득한 담보물 내역(현재 유효한 담보를 총액으로 기재)

담보물종류	담보금액	담보기간	기타

주) 부동산담보인 경우에는 담보금액란에 설정최고액을 기재함.

※ 각 항목에 대한 해당사항이 없으면 "해당사항 없음"을 기재하고. 기재할 내용이 많을 경우 관련자료를 붙임으로 하고 "붙임 참조"라고 기재하여 주시기 바랍니다.

상기 매출처에 대한 당사의 매출채권 및 연체사실 내역이 상기와 같음을 확인합니다

확인자 주 소 :

(피보험자) 상 호 :

대　　　　표 :　　　　　　　　　　(인)

서울보증보험주식회사 귀중

☞ 본 확인서에 기재한 내용이 사실과 다르거나 허위로 기재한 경우에는 보험사고 시 불이익을 받을 수 있습니다.

채무승인 변제계약(공증)

채무자 ○○주식회사(이하 을이라 한다) 및 보증인 ○○○, ○○○, ○○○는 채권자 중소기업금융금고(이하 갑이라 한다) 및 주식회사 ○○은행(이하 정이라 한다) 간에 체결한 ○○년 ○월 ○일 및 ○○년 ○월 ○일자 금전소비대차계약증서에 따른 하기 채무를 승인하고 위 채무의 이행을 태만히 할 경우 즉시 강제집행을 할지라도 이의 없음을 인낙한다.

제 1 조 을이 갑으로부터 차용한 원리금, 변제기 및 ○○○, ○○○(이하 병이라 한다)와 같이 갑에게 제공한 담보는 다음과 같다.

1. 금   액 : 금 ○원
2. 자금의 용도 : 설비 및 운전자금
3. 상 환 기 한 : ○○년 ○월 ○일
4. 이   율 : 연 ○푼 ○리
5. 상 환 방 법 : ○○년 ○월 ○일까지 거치한 후 ○○년 ○월 ○일을 제1회로 하여 매월 ○일 금 ○원으로 분할변제하며 상기 기한 내에 잔금을 완제한다.
6. 이자 지급방법 및 시기 : ○○년 ○월 ○일 이후 매월 ○일에 당월분을 지급한다. 단 1개월 미만 시는 일변으로 계산한다.
7. 담   보 : ○○년 ○월 ○일 ○○법원 ○○등기소 접수 제○호로 종료한 순위 제1번 및 제2번의 저당권

제 2 조 을은 갑이 다음 각호의 1에 해당한다고 인정하는 경우에 갑의

지시가 있을때 갑의 지시에 따를 것이며, 본 차용금의 상환기간
에 불구하고 즉시 본 차용금 채무 및 그 채무에서 발생하는 일
체의 채무의 전부 또는 일부를 변제한다.

1. 을이 본 차용금을 제3조의 규정에 위반하여 사용하거나 차
   용 후 장기간 사용하지 않을 경우

2. 을 또는 병이 본 증서에 기재한 조항 또는 그 조항에 따른 갑
   의 지시를 거부하는 경우

3. 을 또는 병이 본 자금차용에 관하여 또는 차용 후 본 차용금
   채무의 전액을 변제하기까지의 사이에 갑에 대하여 사실과
   상위한 진술과 보고를 하거나 필요한 사실의 진술과 보고를
   태만히 한 경우

4. 을의 자금과 사실에 중대한 변동이 있어 본 차용금채무의 이
   행이 곤란하거나 또는 그 염려가 있을 경우 및 기타 갑이 채
   권보전상 필요하다고 인정하는 경우

5. 을이 그 수익상황 자본증가 등으로 인하여 본차용금채무를
   변제하는 여유가 생긴 경우

제 3 조 을은 본 차용자금을 주식회사 ○○은행에 별단의 예금으로서
        예입하되 갑의 승인을 받지 않고서는 본 증서에 기재한 용도 외
        의 유용을 금한다. 을은 본 차용금을 사용한 경우는 그 용도를
        경리상 명확하게 해두어야 한다.

제 4 조 을은 갑의 승낙을 얻은 경우를 제외하고 본 차용금 채무의 지급
        을 지연했을 경우 그 금액에 대한 일리 ○푼의 손해배상금을 갑
        에게 지급하기로 한다.

제 5 조 을 및 병은 갑의 승인을 얻은 경우를 제외하고 본 차용금채무의
담보로 제공할 것을 약속한 자산을 제삼자에게 양도 · 임대 · 담
보로 제공하거나 또는 담보로 제공할 것을 약속하고 제삼자를
위하여 그 자산 상에 지상권을 설정하는 등 갑에게 손해를 주거
나 또는 그러한 우려가 있는 행위를 하지 못한다. 을은 본 차용
금채무의 담보로 제공할 것을 약속한 자산이 멸실 · 훼손 · 변
질 · 가격의 하락 등으로 인하여 그 가치가 감소되어서 담보력
에 부족이 생겼을 때나 또는 그 우려가 있을 때 기타 갑이 채권
보전상 필요하다고 인정하는 경우에는 갑의 요구에 따라 추가
담보를 제공하여야 한다.

제 6 조 을 및 병은 본 차용금채권의 담보로서 지체 없이 제5조의 자산
상에 담보권을 설정하기로 하며 또 제삼자에게 대항하는 요건
을 구비하는 데 필요한 절차이행에 협력하여야 한다. 을은 본
차용금채무의 담보로 제공한 자산이 멸실 · 훼손 · 가격의 하락
등으로 인하여 그 가치가 멸소되어서 담보력에 부족이 생겼거
나 또는 그 우려가 있을 때, 기타 갑이 채권보전상 필요하다고
인정하는 경우에는 갑의 요구에 따라 추가담보의 제공을 하여
야 하며 또한 제삼자에게 대항하는 요건을 구비하는 데 필요한
절차이행에 협력하여야 한다.

제 7 조 을 및 병은 을이 갑으로부터 승인받은 경우를 제외하고는 본차
용금채무의 담보로 제공한 자산을 제삼자에게 양도 또는 제삼
자를 위하여 그 자산상에 지상권을 설정하는 등 그 자산상황을
변경하여 갑에게 손해를 주거나, 그러한 우려가 있는 행위를 하

지 못한다.

제8조 1. 을 및 병은 본 자금차용 후 지체 없이 본 차용금채무의 담보
로 제공하거나 또는 제공할 것을 약속한 자산에 관하여 본
차용금채무를 담보할 수 있는 전액의 손해보험계약을 체결
하여 본 차용금채무 및 그 채무에서 발생하는 일체의 채무의
전부를 변제할 때까지 그 계약을 계속하여야 한다.

2. 을 및 병은 본 차용금채무의 담보로 제공하거나 또는 제공하
기로 약정한 자산에 대하여 현재 손해보험계약이 체결된 경
우에는 전항의 계약 대신 그 계약을 계속할 수 있다. 단 갑으
로부터 요구를 받았을 경우에는 그의 요구에 따라 더 추가하
여 손해보험계약을 체결하고 전항에 준하여 그 계약을 계속
하여야 한다.

3. 을 및 병은 본 자금차용 후 지체 없이 본 차용금채무의 담보
로서 전 2항의 보험계약에 따른 보험금청구권을 갑의 요구
에 따라 갑에게 양도하거나 또는 그 청구권상에 질권을 설정
하기로 하며 또 제삼자에 대항하는 요건을 구비하는 데 필요
한 절차에 관하여 갑에게 협력하여야 한다.

4. 을 및 병은 본 자금차용 후 제1항 또는 제2항의 보험계약 이
외에 동일자산에 관하여 또 손해보험계약을 체결했을 경우
에는 지체 없이 그 뜻을 갑에게 보고하고 그 지시에 따라야
한다.

5. 을 및 병은 보험의 목적물이 이재했을 경우에는 제출해야 할
서류의 작성, 손해전보액의 협정 등에 관하여 미리 갑의 지
시를 받아야 한다. 손해전보액에 관하여 을 및 병과 보험회

사 간에 협정이 성립되지 않는 경우에는 갑이 을 및 병에 갈
음하여 협정을 체결해도 을, 병은 이의를 제기하지 아니한
다. 보험의 목적물이 이재했을 경우에는 갑은 본 차용금의
상환기한에 불구하고 갑이 수령한 보험금을 갑의 의사에 따
라 본 차용금채무 및 그 채무에서 발생하는 일체의 채무의
전부 또는 일부의 변제에 충당해도 을은 이의가 없다.

제 9 조 갑은 을이 본 차용금채무를 이행 아니할 경우에는 담보자산을
임의처분할 수 있다. 이때 처분의 방법 · 시기 · 가격 등은 모두
갑의 임의로 하며 그 처분대금을 갑의 임의방법에 따라 본 차용
금채무 및 그 채무에서 발생하는 일체의 채무의 전부 또는 일부
의 변제에 충당하여도 을, 병은 이의가 없다.

제 10 조 1. 보증인은 본 차용금채무 및 그 채무에서 발생하는 일체의
채무에 관하여 을 및 다른 보증인 상호 간과 연대하여 을과
보증인 간의 보증위탁계약의 효력의 여하에 불구하고 채무
이행의 책임을 부담한다. 보증인이 본 계약에 따른 채무의
전부 또는 일부를 변제하여 갑에 대위하는 경우에는 갑의
승인을 얻은 경우를 제외하고 그 대위에 따라 취득되는 일
체의 권리를 갑에게 양도하기로 한다.
2. 을은 갑으로부터 보증인의 추가 또는 교체의 요구를 받았을
때는 지체 없이 필요한 조치를 취해야 한다.

제 11 조 을이 하기 각호의 1에 해당하는 경우에는 즉시 갑에게 보고하
여야 한다.

1. 을 및 또는 보증인의 주소·성명·상호·명칭·자본금·대
표자 또는 사업의 내용에 변동이 발생한 때·사망·해산·
기타 이에 준한 사실이 발생한 경우
2. 을 또는 보증인의 자산과 사업의 상황에 현저한 변동 또는
우려가 있는 경우
3. 담보로 제공 또는 제공을 약정한 자산에 변동이 발생한 경우
또는 그 자산이 멸실·훼손·변질·가격의 변동 기타의 사
정으로 그 가치가 멸소됐거나 그러한 우려가 있을 경우
4. 전 각호 경우 외에 갑으로부터 요구를 받은 때

제 12 조 을은 매결산기에 사실보고서, 대차대조표, 손익계산서 등을
갑에게 제출하여야 한다.

제 13 조 1. 갑은 언제든지 을의 사무소·공장·사업장 기타 필요한 장
소에 출입할 수 있으며, 업무상황, 서류장부, 기타 필요사항
을 조사할지라도 을은 이의가 없다. 갑이 본 차용금채무를
위하여 담보제공 또는 제공을 약정한 자산을 조사하여도
을, 병은 이의가 없다.

제 14 조 1. 을은 본 차용금에 관한 일체의 비용을 부담하기로 한다.
갑은 을 및 병을 갈음하여 등기를 하며 손해보험료를 지급
하고 또는 공정증서의 작성을 위촉하며 기타 채권보전에
따른 비용을 가불 지급한 경우 을은 갑이 지급한 가불금에
상당한 금액 및 갑의 승인을 받은 경우를 제외하고는 그 금
액에 대한 가불일수에 따라 일변 금 ○전을 손해배상금으

로 갑에게 지급하여야 한다.

제 15 조 을 및 보증인은 본 차용금채무에 관하여 말미 기재의 중소기
업금융금고대부준칙 제○조에 정한 보증을 정에게 위촉하는
것으로 한다.

제 16 조 1. 보증인은 정이 제15조의 보증이행에 따라 을에 대하여 장
차 취득할 수 있는 구상권에 관하여 을과 연대하고 또 보증
인 상호 간에 연대하여 을과 보증인 간의 보증위탁계약의
효력 여하에 불구하고 변제의 책임이 있는 것으로 하며 또
정과 보증인의 관계에 있어서의 갑에 대한 채무는 정의 부
담부분을 영으로 한다.
2. 보증인은 본 계약에 의한 채무의 전부 또는 일부를 변제한
경우 그 변제로 인하여 취득되는 구상권을 정에 대하여는
행사하지 못한다.

제 17 조 1. 을 및 보증인은 본 채무의 변제충당의 지정권이 갑에게 있
는 것을 승인한다.
2. 을 및 보증인은 정이 제15조의 보증을 이행했을 경우 그 후
변제금을 갑 및 정에 대한 채무 중 어느 채무에 어떤 비율로
충당하느냐에 관해서는 갑의 요구에 따른다.

탄 원 서

탄 원 인 ○ ○ ○
    주소 :
    연락처 :

피탄원인 ○ ○ ○

저희 남편은 현재 ○○구 ○○동에 거주하는 ○○○○(주) 택시회사에 근무하는 택시기사로서 성실하고 열심히 근무함으로써 10여 년간 무사고로 한 회사에 근무하면서 최선을 다하면서 살아왔습니다.

남편 ○○○은 얼마 전 친정아버님의 상중이던 ○○○○년 ○○월 ○○일 ○○시 ○○분경 시동생 소유인 ○○○○호 승합자동차를 운전하여 상가의 일을 보던 중 ○○구 ○○동 구청 앞에서 음주운전 단속경찰관에 의하여 주취(혈중알콜 %)운전으로 단속이 되어 ○○○○년 ○○월 ○○일자로 자동차운전면허취소처분 통지를 받았습니다.

남편 ○○○은 장인어른의 갑작스런 사망으로 상제의 몸이었고 상제의 일을 볼 사람이 없어서 ○○○○년 ○○월 ○○일 밤부터 상제의 몸으로 승합자동차를 가지고 상가에서 써야 할 제물을 구입하는 등 장인의 일로 일을 보다가 이런 일이 생겼습니다.

　아들이 없는 저희 친정 집안은 딸만 5형제인 집안으로서 친정아버님께서 14여 년간 중풍으로 고생하시다가 사망을 하셨습니다. 아들이 없는 집안의 상제로서 밤을 세워가며 각종 장의에 관련된 모든 일을 도맡아 처리하던 남편 ○○○은 상제의 아픔을 위로하는 문상객들이 한잔씩 권하는 술을 받아 마신 것이 이날 저녁에 음주 운전을 하게 된 것입니다.

　10여 년간 한 업종에 종사하면서 남다른 봉사 정신으로 노인 어른이나 거동이 불편한 사람 등 이웃을 먼저 승차시키고 타에 모범이 되는 사람이었습니다.

　무사고 운전으로 올가을 개인택시만을 기다리던 중으로 운전면허취소처분은 저희 가족 모두에게는 생계에 위협을 받는 마른하늘에 날벼락 같은 일입니다. 친정아버님 잃은 슬픔에 또한 남편마저 면허 취소로 직장을 잃게 된 지금 저희 가족 모두는 좌절과 실의의 나날로 하루하루를 살아가고 있습니다.

　그렇다고 아내인 제가 몸이 건강해야 나아가서 아무 일이라도 돈벌이를 할 텐데 저 또한 둘째 아이를 출산한 후 한 달 만에 신장염으로 한쪽 신장을 절개하였습니다. 남들은 한쪽만 있어도 산다고 하지만 그나마도 건강한 신장이 아니기 때문에 의사선생님께서 무리하지 말고 잘 보호해야 한다고 하셔서 이렇게 지내고 있습니다.

　하지만 택시운전을 해서는 겨우 먹고살지만 아이들 교육에는 못 미칩니다. 그래서 가끔 남의 집안일도 해주고 해서 이 가정을 꾸려나가려고 여지껏 버텼는데 이제는 모든 것을 잃은 채 아무 희망도 없습니다.

　저희 남편 ○○○은 그동안 어려운 일을 다 겪으면서도 인사사고 한 번 안 내고 무사고 운전만을 해왔습니다. 그런데 이게 웬 날벼락입니까?

　심의관님!

　바라옵건대 술을 먹고 운전한 것은 잘못 또 잘못한 일이나 당시 상중이었다는 정황과 현재 부양가족을 참작하시어 운전면허 취소처분만은 말아주시길 간절히 바라옵니다.

탄원인 아내　　　　　　(인)

합 의 서

당사자(갑) 성명 :
(상대방)
      주소 :

당사자(을) 성명 :
      주소 :

20 년 월 일 시 분경 OO에서 발생한 자동차 사고로 입은 피해에 대하여 갑과 을은 아래와 같은 합의 조건으로 상호 원만히 합의하였으므로 이후 이에 관한 일체의 권리를 상호 포기하며 여하한 사유가 있어도 민/형사상의 소송이나 이의를 제기하지 아니할 것을 확약하고 후일의 증거로 이 합의서에 서명, 날인한다.

합의내용 :

20 년 월 일

당사자(갑) :　　　　　　　　(인)
(상대방)
(주민등록번호) :

당사자(을) :　　　　　　　　(인)
(주민등록번호) :

입회인 성명 :　　　　　　　　(인)
주소 :

〈개정 2008.3.3〉

<table>
<tr><td colspan="5" align="center">행정심판 청구</td></tr>
<tr><td rowspan="2">청구인</td><td>① 성명</td><td></td><td colspan="2">② 주민등록번호</td></tr>
<tr><td>③ 주소</td><td colspan="3">(전화번호 :   )</td></tr>
<tr><td>④ 선정대표자 · 관리인 또는 대리인</td><td colspan="4">선정대표자, 관리인 대리인이 있는 경우 성명 및
주소를 기재</td></tr>
<tr><td>⑤ 피 청 구 인</td><td colspan="4" align="center">OO지방경찰청장</td></tr>
<tr><td>⑥ 소관
  행정심판위원회</td><td colspan="4">☐ 국무총리행정심판위원회
☐ (   ) 시 · 도 행정심판위원회
☐ 기타 (   ) 행정심판위원회</td></tr>
<tr><td>⑦ 청구대상인 처분내용
(부작위의 전제가 되는 신청 내용 · 일자)</td><td colspan="4">피청구인이 20 . . . 청구인에 대하여 한
20 . . .자 제1종 보통 운전면허 취소처분.</td></tr>
<tr><td>⑧ 처분 있음을 안 날</td><td colspan="4" align="center">20 . . .</td></tr>
<tr><td>⑨ 심판청구 취지 · 이유</td><td colspan="4" align="center">별지 기재와 같음</td></tr>
<tr><td>⑩ 처분청의 고지 유무</td><td colspan="2">행정심판청구에
대한 고지(안내)
가 있었음</td><td>⑪ 고지내용</td><td>운전면허취소처분
에 대한 이의 시
행정심판청구방법</td></tr>
<tr><td>⑫ 증거서류(증거물)</td><td colspan="4" align="center">별지기재와 같음</td></tr>
<tr><td>⑬ 근거법조</td><td colspan="4">「행정심판법」 제19조, 같은 법 시행령 제18조</td></tr>
<tr><td colspan="5">위와 같이 행정심판을 청구합니다.

                               20   .   .   .
             청구인   (서명 또는 인)
                                                 귀하</td></tr>
<tr><td colspan="4">※ 첨부서류 : 청구서부본</td><td>수수료

없음</td></tr>
</table>

[별지]

심판청구 취지

피청구인이 20○○. ○. ○.자로 음주운전을 사유로 청구인에 대하여
한 자동차 운전면허 정지처분은 이를 취소한다.
라는 재결을 구합니다.

심 판 청 구 이 유

1. 청구인은 19○○. ○. ○. ○○북도 지사로부터 제1종 보통 운전면
   허증을 취득하여 ○○정기화물주식회사에서 8톤 화물자동차를 운
   전한 것을 시작으로 현재까지 줄곧 자동차 운전으로 생업을 유지
   해왔으며 주식회사 ○○화학의 화물자동차 운전기사로 재직하고
   있었습니다.

2. 청구인의 음주 경위
가. 청구인은 20○○. ○. ○. ○○:○○경 ○○동 소재 형님 집에서
   형님과 함께 맥주 3홉들이 2병을 나눠 마시고 새벽 0시 20분경 가
   족들을 태우고 귀가하던 도중 집 근처 대로변에서 간이검문소를
   설치하고 운전자의 음주 측정을 실시하고 있는 경찰관의 지시에
   따라 음주 측정에 응하였습니다.
나. 당시 청구인은 형님 집에 가족들과 함께 차로 갔기 때문에 맥주잔
   으로 1잔 반 정도밖에 마시지 않았고 또한, 술을 마신 후 3~4시

간을 보냈으므로 이전의 경험에 비추어 음주 측정을 받아도 아무 문제가 없으리라 생각하여 순순히 측정에 응하였던 것입니다. 또한 측정 결과도 단속 기준에 해당하지 않았던지, 측정 결과를 확인하던 경찰관은 고개를 갸우뚱하며 "또 기계가 잘못됐나……" 하고 혼잣말하며 다시 측정해보자고 하여 이에 응하였습니다. 그런데도 음주 측정수치가 생각했던 것만큼 나오지 않았는지 재차 측정을 요구하였습니다.

다. 3차 측정 결과 그 수치가 0.085%가 나왔다고 기계를 청구인에게 내밀며 운전면허정지사유에 해당한다고 하였습니다. 이에 대해 본인은 그 측정 결과를 인정할 수 없으므로 재차 공정하고 정확한 측정을 요구하였습니다. 단속 경찰관은 종전에 사용한 측정기를 가지고 재차 2회 측정하며 단속 기준인 면허정지에 해당한다는 말만 반복하였습니다. 청구인은 이 결과는 도저히 인정할 수 없다고 항변하였으나, 이는 받아들여지지 않았습니다.

라. 그 후 청구인은 경찰서에서도 이러한 측정 결과를 도저히 인정할 수 없다고 하였음에도 청구인의 주장은 끝내 받아들여지지 않았습니다.

3. 이상과 같이 이 건 음주 측정 결과는 공정하고 정확한 측정 결과가 아니므로 이를 근거로 피청구인이 청구인의 운전면허를 정지함은 부당하며, 또한 가사 실제 음주 측정치가 0.085%라 하더라도 청구인이 운전을 하게 된 경위, 음주의 정도, 기타 제반 사정을 고려한다면 피청구인의 운전면허 정지처분은 재량권을 일탈 혹은 남용한 행위라 보이므로 그 처분을 취소하여주시기 바랍니다.

입 증 방 법

1. 소갑 제1호증　　　　　자동차운전면허정지통지서
1. 소갑 제2호증　　　　　재직증명서
1. 소갑 제3호증　　　　　경력증명서
1. 소갑 제4호증　　　　　주민등록등본
1. 소갑 제5호증　　　　　탄원서(회사동료)

첨 부 서 류

1. 위 입증방법　　　　　　　　　　　1통
1. 심판청구서부본　　　　　　　　　　1통
1. 위임장(변호사 선임 시)　　　　　　각 1통